DESENVOLVENDO SEU PODER PESSOAL

HO'OPONOPONO, REIKI E CONSCIÊNCIA

Juliana De'Carli

DESENVOLVENDO SEU
PODER
PESSOAL

HO'OPONOPONO, REIKI E CONSCIÊNCIA

NOVA SENDA

DESENVOLVENDO SEU PODER PESSOAL
Copyright© Editora Nova Senda

Revisão: Luciana Papale
Diagramação e capa: Décio Lopes
1ª impressão | Agosto de 2015

Dados de Catalogação da Publicação

Desenvolvendo Seu Poder Pessoal – Ho'oponopono, Reiki e Consciência/ Juliana De' Carli – 1ª edição – São Paulo – Editora Nova Senda, 2015.

Bibliografia.
ISBN 978-85-66819-08-3

1. Autoajuda 2. Ho'oponopono 3. Reiki 4. Terapia Alternativa I. Título.

Proibida a reprodução total ou parcial desta obra, de qualquer forma ou por qualquer meio, seja eletrônico ou mecânico, inclusive por meio de processos xerográficos, incluindo ainda o uso da internet sem a permissão expressa da Editora Nova Senda, na pessoa de seu editor (Lei nº 9.610, de 19.02.1998).

Direitos exclusivos reservados para Editora Nova Senda.

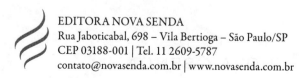

EDITORA NOVA SENDA
Rua Jaboticabal, 698 – Vila Bertioga – São Paulo/SP
CEP 03188-001 | Tel. 11 2609-5787
contato@novasenda.com.br | www.novasenda.com.br

Eu Te Amo

Sou Grato

Sumário

Dedicatória..9

Agradecimentos...11

Prefácio...13

Introdução..17

I Ho'oponopono em essência.....................................23

Prosperidade e dinheiro...25

Encontrando seu Eu através do alinhamento dos Eu's...............29

Ho'oponopono nos aproxima do Eu essência.............32

O problema..34

Memórias...38

Perdoar..40

A Lei da Atração..41

A água solarizada..43

Estágios de despertar..44

II O poder das palavras...47

O poder das palavras do Ho'oponopono...................50

Aloha..52

III Reiki...59

Reiki e atividade física..62

Reikiano tem conexão direta com a Fonte................64

Amar ao próximo como a Si Mesmo..........................66

Experiências com aplicações de Reiki...............68

Reiki e Ho'oponopono...............80

Ho'oponopono e Reiki nível 3-A...............81

IV Reiki e Ho'oponopono para bebês e crianças...............89

Reiki e amamentação...............90

Aplicação à distância...............90

Quando as mãos estão ocupadas...............91

Quando a maternidade chegou...............92

Aceleração da maturação celular...............93

Geleia Real...............95

Final da gravidez...............98

Parto natural...............99

Cólica do bebê...............102

Auxílio no sono com Karuna Reiki...............104

Limpando memórias no bebê...............105

V Memórias e Infância...............109

Memórias existem desde o primeiro momento...............113

Imagem corporal e Ho'oponopono...............115

Maternidade e paternidade...............120

VI Ho'oponopono e a morte...............121

VII Dúvidas...............131

VIII Depoimentos...............157

Posfácio...............179

Oração da Kahuna Morrnah Simeona – Ho'oponopono....183

Dedicatória

DEDICO ESTE LIVRO primeiramente a Lorenzo De'Carli Debiasi, meu filho, por estar me permitindo experimentar a maravilhosa experiência de ser mãe, possibilitando tornar-me uma pessoa melhor a cada dia.

Dedico ainda, de maneira especial, a Rosana Pires da Silva, um espírito iluminado que nos deixou este ano, grande psicóloga e amiga que auxiliou muito em minha formação como pessoa e em minha expansão de consciência.

Sem vocês este livro não seria o que é!

Sem vocês eu não seria quem sou!

Sem vocês não teria me aproximado de minha essência com a rapidez que me aproximei!

Eu amo vocês!

Sou grata!

Bem Vindos

Agradecimentos

AGRADEÇO AO MEU MARIDO Clayton De´ Carli Debiasi pelo incentivo para escrever este livro e por todo amor e compreensão;

Agradeço à minha mãe Valéria S. Hammes por escrever o prefácio maravilhoso e o meu pai Johnny De´ Carli pelo incentivo no meu trabalho, por ter escrito o posfácio do livro e ser meu gigante e eterno Mestre de Reiki, sinto muita alegria em tê-los na abertura e fechamento do meu trabalho;

Agradeço ao Décio Lopes e a Luciana Papale pelo carinho que colocaram em seus trabalhos para que a obra tomasse corpo;

Agradeço a todos os meus alunos que compartilharam suas experiências em depoimentos e dúvidas, para que mais pessoas possam se espelhar e curar suas vidas;

E agradeço você leitor por receber esta obra em suas mãos.

Sou Grata

Prefácio

ESTE É UM LIVRO PARA INSTRUMENTALIZAR o autoconhecimento. É um livro para ajudá-lo a se perceber, pois na sutileza das emoções e dos padrões mentais observados nas reações pessoais, encontramos a possibilidade de reflexão do modelo mental que nos move. Questões que a racionalidade consciente não responde.

Este modelo mental interfere nas reações bioquímicas de nosso corpo, que ao longo do tempo acumulam "desequilíbrios" na distribuição da energia canalizada pelos meridianos. A resposta está na "atenção", um misto de meditação, com a capacidade de interpretar nosso corpo físico, mental e emocional, para os quais o Reiki e o Ho'oponopono podem auxiliar, sem serem invasivos, como ferramentas de autoconhecimento e cura. Atenção constante em nós!

À medida que dedicamos atenção a nós mesmo, em nossa forma de pensar, de reagir e de sentir, nos deparamos com um misterioso ser desconhecido, o Eu. Alguém que possui um padrão mental e emocional para reagir a todas as situações, no respeito a si mesmo e para com suas memórias e desagravos, que acumulam energias nem sempre conscientes, atraindo um padrão repetitivo de reações no corpo, na mente e nas emoções. É comum pensarmos constantemente em algo que nos incomoda ou mesmo que nos satisfaz, até que surja outro pensamento que o substitua. Desta forma interrompemos o fluxo de energia universal, dando início a acumulação e desequilíbrio nos meridianos e alimentando o germe das doenças. Precisamos despertar! Despertar a atenção em nós. Despertar para a força das palavras proferidas, evitando formas mentais verbalizadas de forma negativa, e estimulando os insights decorrentes da atenção e do despertar, Aloha.

O Reiki auxilia na canalização das energias que o Ho'oponopono desperta no autoconhecimento atávico, e cura ao identificar o padrão mental e emocional da persona formada desde seu nascimento. A simplicidade e autonomia da prática do Ho'oponopono possibilita ao indivíduo conectar-se de forma sustentável, sem dependência de dogmas e rituais, à sua essência.

A autocura proposta não prescinde do acompanhamento médico, mas estabelece um condicionamento mental e emocional afirmativo de cura para as moléstias estabelecidas pelo acúmulo das energias em desequilíbrio ao longo da vida. O Ho'oponopono difere de outras práticas curativas igualmente importantes e complementares, como a acupuntura, pois atua na busca e no resgate desses sentimentos e emoções aportados no inconsciente, num processo de conscientização e de reflexão sobre sua própria persona, instrumentalizando o indivíduo como protagonista no processo de cura para sua felicidade integral: física, mental e emocional.

Como mãe, me realizo ao apreender com minha filha, e como especialista em sustentabilidade, me realizo ao introduzir essa teoria essencial nas relações intra e interpessoais, intra e interinstitucionais necessárias ao desenvolvimento do tecido socioambiental para a formação de uma sociedade sustentável. Utilizo a essência desse conhecimento em dinâmicas de grupo para desenvolver e fortalecer vínculos emocionais em grupos, muitas vezes conflitantes, em práticas de planejamento participativo de coletividades em situação de risco. É uma forma sutil de proporcionar um diálogo e uma construção a partir de uma postura propositiva afirmativa.

Grata!

Valéria Sucena Hammes
Mamis

Sinto Muito

Introdução

Você já se perguntou por que vivemos? Qual a nossa origem e para onde vamos? Muitas pessoas buscam uma resposta para a vida e o porquê de estarmos aqui. Não sabemos exatamente como tudo começou, mas sabemos que estamos vivos e com muita coisa para fazer. A vida é repleta de alegrias, tristezas, desafios e conquistas.

Apesar de ninguém ter uma resposta definitiva, e a busca por uma explicação mais profunda ser incessante, através da Física Quântica podemos saber que somos energia e que possuímos informações que diferencia cada pessoa e objeto.

Compreendo que possuímos uma consciência, acredito, assim como muitas pessoas, que esta consciência inteligente é infinita, que não acaba, que na verdade, ela sempre se transforma.

Viemos do Todo, e o que eu posso contribuir neste assunto é dizer que, se somos uma consciência, o que devemos fazer é evoluí-la, desenvolvê-la dentro de nós mesmos.

E como fazemos isso?

Através do autoconhecimento e de um processo de evolução que, mediante nossas escolhas, permitirá que nós, conscientemente, possamos evoluir com menos dor e mais amor.

18 | Desenvolvendo seu Poder Pessoal

Assim sendo, a primeira coisa que sabemos é que devemos desenvolver a nossa consciência através do autoconhecimento, e para isso, necessitamos de tempo. Este tempo é a nossa vida, quanto mais vivermos, mais tempo teremos para nosso desenvolvimento.

Para entendermos um pouco melhor sobre o tempo, cito como exemplo a minha gata que teve filhotes na mesma época em que eu tive meu filho, hoje ela já é tataravó, enquanto meu filho não tem nem dois anos. Portanto, nós humanos, que somos os seres mais evoluídos e interdependentes que existe, precisamos de muito mais tempo para aperfeiçoar as nossas inteligências múltiplas e aprimorar nosso desenvolvimento.

Nós viemos a esse mundo para evoluir nossa consciência, que é uma energia. Estamos vivos, o que precisamos fazer para conseguir este tempo para evolução é sobreviver! E para isso nós temos o nosso instinto de sobrevivência. As qualidades relacionadas a este instinto estão ligadas ao chacra básico, existência terrena, ligação com o mundo material, agressividade, força motora e energia física. Até a agressividade junto à força física pode ser utilizada em um momento de defesa, por exemplo. É só saber utilizar a qualidade da sombra deste chacra na hora certa, mesmo que você seja uma pessoa espiritualizada e equilibrada.

E já que precisamos de tempo para evoluir nossas consciências, que a nossa existência seja prazerosa e feliz. Temos dias bons, outros ruins, dias marcantes e dias rotineiros a qual não damos importância, esquecemos, pois nada de muito bom ou de muito ruim que o diferenciasse aconteceu. É importante agradecer ao final deste dia por tudo estar bem, é preciso agradecer todos os dias.

Se você não está feliz no seu dia rotineiro, procure estar, pois o tempo não para e esta sua vida não volta. Veja o que não está bom e comprometa-se a mudar. Coloque os pedidos de mudança em suas orações, entregue para o Universo, faça escolhas.

Avalie esses três aspectos da vida:

- Evolução da consciência
- Sobrevivência
- Felicidade

A expansão da consciência pode auxiliar este processo, pode ajudar na sua cura, na restauração da sua vida e lhe trazer mais felicidade. Na sua busca poderá aprender técnicas que auxiliam este objetivo, como o caso do Ho'oponopono e do Reiki.

Com a expansão da sua consciência, você começa a ver as coisas com outros olhos, passa a entender com maior profundidade aquilo que já acreditava entender. De fato, temos um nível de conhecimento, mas a compreensão fica mais apurada e lúcida quando a consciência é alimentada de informações que fazem sentido e passam a nos integrar, fazendo parte da homeostase da consciência. É como se o conhecimento que você já tinha, ganhasse uma profundidade de entendimento, digo metaforicamente que é uma sensação 3D (três dimensões).

Vivemos numa sociedade interdependente e complementar, a expansão da consciência pode ser pontual, infinita e criativa, podemos desenvolver uma compreensão maior para um determinado assunto enquanto temos um entendimento mais retraído para outros. Mas isso não é um problema, pois não seríamos capazes de desenvolvermos tudo que vemos sozinhos.

Em um dia de férias, sentada numa cadeira de praia e olhando para o horizonte, entrei em estado meditativo enquanto ouvia tranquilamente o som do mar, observava as ondas, a quantidade de água e as gaivotas voando. Observei as pessoas, os diferentes corpos, e faces, as expressões, cada um com sua vida particular e cheia de histórias e situações. A partir de tudo isso, senti a abundância da natureza, da criação, a grandiosidade da água, o movimento das ondas, as muitas faces que não se repetem nos rostos humanos, com exceção da quase perfeição da similaridade dos gêmeos univitelinos. Admirei a beleza dos seres vivos, dos pássaros, dos animais, dos humanos e de todo o ecossistema que existe dentro da imensidão dos oceanos. Senti-me parte da natureza, percebi que quanto mais nos conectamos com a Fonte através do contato com a nossa essência, mais a vida se faz abundante positivamente para nós, pois fazemos parte do Universo.

A natureza simplesmente flui de acordo com as leis universais. Cada partícula vibra em uma frequência, atraindo mais energia desta mesma frequência, se tornando cada vez maior e consequentemente promovendo seu crescimento. A natureza mantém uma frequência invariável, vibrando a mesma energia, atraindo mais do mesmo, como se tivesse certeza do seu destino. É a Lei da Atração. A natureza não tem dúvida. É como se uma árvore, enquanto muda o broto, sempre soubesse que um dia tornar-se-á uma árvore. O broto não se põe em dúvida, assim ele mantém sempre a mesma frequência e atrai mais energia respeitando a lei da gestação, a lei que defende que toda ideia precisa de um tempo para se tornar real no mundo físico. E com sua intenção constante, acaba realizando a sua missão.

Nós somos natureza. No reino animal e vegetal a vida flui, nada falta, é quando vamos contra a nossa essência que os problemas começam a surgir e acabamos por projetá-los para a natureza ao nosso redor. A complexidade da consciência humana abre margem para possibilidades que são alimentadas pelas emoções, pensamentos e ações de cada um. Isso pode ser bom ou ruim. O Universo não julga o que é bom ou ruim, ele simplesmente devolve a energia que você emitiu, ou seja, tudo àquilo que você semeou. E isso quer dizer também que a vida se desdobrará naturalmente quando você estiver vivendo sua essência. O dia a dia continua, o trabalho continua, mas as coisas fluem, a vida fica mais colorida. Se você ainda não sente isso, comece a fortalecer as coisas que gosta e que realmente fazem bem a você, respeitando o próximo e a si mesmo, se possível contribuindo para a sociedade de alguma forma que inunde seu corpo de alegria e felicidade. Eu acredito que o Ho'oponopono pode ajudar. Ele me ajudou a conquistar isso dentro da minha vida.

Hoje, a cada livro que leio ou que escrevo, a cada curso que ministro ou que participo, sinto grande felicidade por sentir o crescimento dentro da minha consciência. É uma sensação de estar maior, de realização.

E agora quero compartilhar com vocês meus conhecimentos e experiências.

"Estamos aqui para que o Universo evolua."

Me Perdoe

I

Ho'oponopono em essência

O Ho'oponopono é uma prática que vem ganhando dimensão entre as terapias alternativas. Terapia é uma palavra de origem grega (therapeia) e significa "método de tratar doenças e distúrbios de saúde, tratamento de saúde". Então, mesmo sendo o Ho'oponopono uma prática milenar dos antigos kahunas, hoje ele é considerado uma terapia, pois pode curar problemas em todos os corpos e através da sua prática consciente estabelece uma ligação entre corpo, mente e espírito. O Ho'oponopono funciona liberando memórias do passado, que são verdadeiros nós energéticos, bloqueios que trazem uma série de consequências para a pessoa.

Ho'o significa causa e, *ponopono*, perfeição. Seria chegarmos à perfeição da causa do problema, ou seja, transmutar a causa. Por isso dizemos que o Ho'oponopono é utilizado para limpeza de memórias, principalmente as que causam dor, que trazem vestígios emocionais na vida, através de reações em que o inconsciente faz alguma relação com a dor para proteger-se. Memórias que podem incorporar algum traço na personalidade da pessoa de forma não saudável, ou ainda pior, memórias que atraem novas situações semelhantes à primeira energeticamente, em um ou mais traços, pela Lei da Atração.

24 | *Desenvolvendo seu Poder Pessoal*

Você pode achar estranho ao ler que o Ho'oponopono transmuta memórias, afinal é algo que já aconteceu, não tem como mudar. Como podemos transmutar uma memória?

O fato é que nós somos como um computador e temos registro de tudo o que nos acontece, mesmo que não nos lembremos. Temos registros intrauterinos, da primeira infância e da infância, da pré-adolescência e da adolescência e assim por diante. Estes registros podem ser a nível celular ou em nossa consciência, seja em sua parte consciente ou subconsciente. Não estou entrando no quesito de energias e bloqueios kármicos mais antigos, pelo menos não por enquanto, mas tudo o que eu explicar, servirá da mesma forma para energias que trazemos de outras vidas.

O nosso corpo em estado essencial é uma parte do todo, como explica Deepak Chopra: *"Um feixe de energia e informação, num universo de energia e informação"*. A nossa essência é uma energia inteligente. Isso quer dizer que não somos somente energia, mas uma energia que possui registro. Somos feixes de consciência num universo consciente. A consciência é viva, vibra e é reativa e tudo acontece por meio de vibrações. Da mesma forma que a consciência, o nosso pensamento também tem vida, cor e lugar no espaço. O pensamento tem o poder de transformar, pois possui informações que vibram neste meio quântico em que vivemos e que é reativo.

O Universo é um campo energético infinito, vivo e consciente que recebe todas as informações que nós enviamos e devolve energia. É uma troca dinâmica, dar e receber, é a "Lei da ação e reação". Na sua imensidão encontra-se um campo de possibilidades infinitas que não estão manifestadas, mas que podem se manifestar a partir de comandos. O nosso pensamento somado a emoção agirá como comando de criação, ou seja, a partir dos seus pensamentos e emoções, você permite que eventos sejam manifestados em sua vida. Perceba que Você cria sua vida, Você é responsável pela sua realidade, seja isso uma boa ou má notícia neste momento. E se para você for ruim, entenda que é possível mudar, compreenda que na verdade é uma boa notícia, pois você pode mudar e curar a sua vida. Esta é uma forma de explicar como o pensamento transforma, pois ele modifica uma energia universal não manifestada em algo manifestado na sua realidade. Por isso existe a Lei da Atração, atraímos do Universo o que emitimos para ele.

Entenda que o pensamento acaba sendo o princípio de tudo, e que a nossa mente consciente pode escolher a melhor forma de pensarmos, podemos treinar nossa mente. Só o fato de você estudar, ler este livro, já está alimentando seu corpo mental de informações que poderá utilizar em momentos cotidianos. Além de, claro, estar expandindo a sua consciência. Você pode aprender a lidar com sua mente, a domá-la e assim influenciar o que quer manifestar na sua vida, ter uma vida verdadeiramente próspera.

Prosperidade e dinheiro

Isso tudo é bem interessante, mas quero que você deseje alimentar-se destas informações, não só para adquirir bens materiais nessa vida, quero que entenda que o seu mundo exterior é exatamente aquilo que está dentro de você. E que isso tudo vai além da matéria. Você pode ter uma vida próspera, cheia de amigos, de saúde, liberdade financeira e bons relacionamentos, pois quando a sua alma estiver feliz o mundo sorrirá para você. O que estou me referindo agora é sobre a verdadeira felicidade.

Em relação ao dinheiro, não acredite que você não o merece. Não é porque você quer se desenvolver espiritualmente que terá que abrir mão dele, ou seja, que para evoluir o seu próprio espírito não possa ter dinheiro. Evolução espiritual não é sinônimo de pobreza ou de limites que a pobreza impõe. Isso são preconceitos de uma deformação do entendimento do significado do dinheiro, que nada mais é do que uma energia de troca que nos dá possibilidades. E quanto mais você merecer e fizer por merecer, mais irá receber esta energia para trocar pelos seus desejos no mundo. É isso que faz a pessoa com dinheiro ter um brilho extra, pois está realizada, conquistando seus desejos, cuidando ainda mais de seu corpo, se sentindo poderosa.

Se você deseja algo material, ou fazer uma viagem, não precisará de dinheiro para efetivá-la? Precisamos de dinheiro para conquistar parte de nossos desejos. Dinheiro nos traz independência e liberdade para realizar desejos e sonhos. Então o dinheiro é um mérito e uma energia que flui na vida da pessoa.

Se a pessoa aceita a pobreza, ela se põe como vítima e opta por uma aceitação desta situação. Quantas pessoas nascem ricas e perdem o dinheiro da família quando precisam administrar os negócios? E quantas nascem pobres, transformam suas vidas e obtém sucesso? Isso nos mostra que é preciso ter habilidade com o dinheiro. O ponto é que para muitos houve uma inversão de papel, deixando de ser "meio" e se tornando "fim em si mesmo". É importante encontrar uma maneira de obtê-lo de forma natural e gastá-lo com mais produtividade e sabedoria.

E como desenvolver esta habilidade? Como entrar em sintonia com o dinheiro?

Preste atenção em quais são os seus sentimentos em relação ao dinheiro. Quando você recebe seu salário, o que pensa ou sente? "Está bom", "Dá para viver", "Ah, esta mesquinharia", "Até que enfim, recebi!", "Gratidão!". Em quais destas afirmações ou sentimentos você se encaixou melhor? Veja bem, se você recebe o salário com positividade e satisfação, continuará recebendo-o e talvez possa vir a ter um aumento ou melhora de posto em algum momento, dependendo do seu desempenho. Se você reclama, continuará recebendo este valor ou até mesmo pode vir a perder o que já tem, pode vir a ganhar menos do que já recebe para aprender a valorizar o dinheiro ou acaba fazendo muitas dívidas e utilizando-o somente para pagamentos, numa via direta de entra e sai, mal recebe e já transfere o dinheiro para alguma conta. Agora, se você sente que dá para viver, que é o suficiente, então está somente sobrevivendo. Provavelmente continuará com este montante e uma vida estável e sem grandes emoções, sem grandes mudanças e aquisições. Mas, se você agradece, já reconhece o fluxo financeiro a seu favor, e abre espaço para um fluxo ainda maior.

Agradeça todo dinheiro que receber. Tem uma frase muito interessante que na verdade é uma variação de um ensinamento do Arcanjo Gabriel para toda vez que você receber algum pagamento, independente do valor: *"Vem dinheiro abençoado, seja bem utilizado e volte multiplicado"*. E quando você pagar utilize a frase original:

"Todo dinheiro que dou é abençoado
e volta para mim multiplicado".

Perceba que além do reconhecimento, o agradecimento aumenta o fluxo energético no campo financeiro. Aquela fonte de trabalho que proporcionou o dinheiro não é única. Isso quer dizer que o dinheiro não precisa vir necessariamente de um só lugar. Se você tem um emprego fixo agradeça e pense em um plano B, algo que trará retorno proporcional à energia que você colocar nele, e se der certo, produzir força ao fluxo, chega um momento que nem precisa se esforçar tanto, pois o fluxo energético financeiro já estabeleceu o caminho, já está em movimento e você precisará somente fazer uma manutenção para manter a aceleração deste curso, ou seja, vai conseguir se esforçar menos e ganhar mais.

28 | *Desenvolvendo seu Poder Pessoal*

Espero que isso tenha feito sentido para você e que possa mudar alguns padrões em sua vida, e assim trazer mais prosperidade para muitas pessoas, trazendo realização e um ganho merecido e não ganancioso. O dinheiro não combina com espiritualidade quando é adquirido de forma arrogante, gananciosa, desrespeitosa, tanto com as pessoas quanto com o meio ambiente. Se você respeitar a si, o próximo, o meio-ambiente e estiver trabalhando em cima de algum produto ou serviço que faz bem para o outro e não em algo que é uma ilusão, prometendo uma realidade distante, aí sim terá chances de viver toda esta prosperidade espiritual. Cabe a você perceber, e não adianta omitir ou fingir que não sabe, o seu inconsciente saberá e estará determinando a sua realidade externa.

Pode ser que você tenha alguma crença limitante clássica, daquelas que diz que dinheiro não traz felicidade, que é sujo ou que não se sente merecedor em tê-lo, ou pode ser que ainda não identificou o porquê de um bloqueio financeiro. Se você quer identificar alguma crença, seja financeira, ou em qualquer área da sua vida, se pergunte: "Eu não consigo fazer isso por quê?" ou "Eu não mereço isso por quê?". A sua resposta mostrará o caminho. Em alguns momentos você pode não saber o que responder, pode demorar a conseguir uma resposta e verá que não tem motivo para validar tal sentimento.

"Somos um feixe de energia e informação num universo de energia e informação."
Deepak Chopra

Encontrando seu Eu através do alinhamento dos Eu's

É importante entender que a partir do desenvolvimento espiritual é possível se alinhar com o Universo para que seus desejos se manifestem na sua vida. Ao se espiritualizar, suas emoções vão ficando mais positivas e a emoção é a linguagem do Universo, é a famosa "Lei da atração". A espiritualidade é rica, nossa essência é abundante de coisas boas e, para que conquistemos inteligência emocional e mental, equilíbrio e desenvolvimento espiritual, saúde física e financeira, a reforma interior é importante. Através do desenvolvimento do autoconhecimento você poderá se entender cada vez mais e ir mudando aos poucos para melhor. É um processo, uma evolução gradativa, à medida que vai ganhando consciência do seu "Eu cotidiano" e do seu "Eu essencial", o Eu que se aproxima da sua essência mais pura, vai alinhando o corpo, a mente e o espírito. Você vai perceber que ao conquistar este patamar, vibrando pensamentos e emoções positivas, seus desejos vão sutilmente, e às vezes nitidamente, se manifestando em sua vida. Quando você se empenhar nesta busca, estará vivendo isso.

O Eu cotidiano é o modo como você se encontra no dia a dia e que vai se transformando ao longo do tempo para melhor ou pior. Quanto mais você se espiritualiza, mais se aproxima do seu Eu essência com uma visão expandida, consciente do Universo, da sua conexão com o mesmo, e entende que você é mais puro do que imaginava, afinal, viemos deste Universo de energia consciente que é puro. Na terceira dimensão acabamos nos afastando cada vez mais da nossa própria essência, devido às experiências que vamos encontrando no caminho, necessárias para nossa evolução e que atraímos a partir de nossas emoções e ações.

Cada pessoa tem uma parte do Todo para viver, um feixe de energia consciente que é único, pois um não pode ser o outro e todos carregam informações diferentes. Farei uma comparação imaginária para melhor entendimento dos arquétipos humanos. Imagine que o Universo é um grande corpo no qual uma pessoa traz em sua energia uma informação de "braço", portanto, se identificará mais com atividades mecânicas, outra carrega a informação de "cérebro" e se identificará mais com atividades intelectuais. E assim existem pessoas com registros de diferentes informações. Uns podem ter mais facilidade para ciências humanas e outros para ciências exatas, cada um de acordo com a inteligência que carrega em seu registro. Cada parte é necessária para que exista uma combinação complementar no microcosmo do nosso Planeta e quando essas partem voltam para o Universo forma-se o corpo inteiro, o Todo.

Como escrevi em meu primeiro livro, *Ho'oponopono - Método de Autocura Havaiano*, "O que é um engenheiro civil sem um pedreiro". Não diminuindo os pedreiros, pois eles são essenciais e muito bem remunerados, mas sim mostrando as funções complementares e de diferentes tipos de esforços, mental e físico. Nós necessitamos de todas as profissões, somos seres em desenvolvimento e interdependentes entre nós, precisamos uns dos outros. Cada um, dentro de suas particularidades, precisa trabalhar e se conhecer melhor, purificar suas energias negativas e seus bloqueios, desenvolvendo e aperfeiçoando as informações que têm, expandindo cada vez mais suas consciências, se aproximando de suas essências.

Quando você encontrar seu verdadeiro Eu, vai trabalhar com algo que o faça se sentir realizado, sua ação será fluida, pois é algo que estará dentro de você, seu esforço terá um movimento mais forte, como se estivesse "a favor do fluxo do seu próprio rio". Isso lhe trará muita felicidade, realização, satisfação e pode estar certo de que tocará a todos ao seu redor. Se você conseguir unir isso ao que conversamos sobre saúde financeira, chegará à prosperidade financeira espiritual.

Portanto, temos que buscar por esta essência, o caminho que está dentro de nós mesmo. A busca é interiorizar-se através de conhecimentos que nos alimentam e que entrará em contato com sua autopercepção, seus sentimentos, uma troca entre o mundo externo e interno. Independente de qual forma, método, religião, prática que você vai usar, só interessa que seja algo eficiente para o seu gosto, que você se identifique e que o aproxime cada vez mais de quem verdadeiramente você é.

Por isso gosto tanto do Ho'oponopono e defendo a prática consciente do mesmo, pois além de ser uma excelente técnica de limpeza, é uma metodologia que permite que você continue utilizando tantas outras que gostar. Quem já participou de meus workshops sabe o quanto gosto de compartilhar com as pessoas, conhecimentos além da técnica que estou lecionando, mas que fundamentam a busca.

Outro ponto positivo em relação ao Ho'oponopono e a busca do Eu essência, é que você age entrando em contato com sentimentos que surgem de dentro, com situações e problemas seus ou de outras pessoas e, a cada dificuldade, você está tendo uma oportunidade de se curar, ou seja, já existe uma visão expandida e você já não está mais com a mente retraída a cada situação ou problema que lhe chega. E assim cada vez mais sua vida se abre de forma abundante de felicidade.

Ho'oponopono nos aproxima do Eu essência

O Ho'oponopono entra para nos auxiliar a transmutar memórias, para fazermos uma limpeza de nossas energias, neutralizando cargas negativas que até então carregávamos ou que possam surgir ainda em nossa vida. As memórias são energias que foram ou são fixadas na nossa aura, ou no nosso corpo, através de descargas elétricas excessivas, que foram descarregadas num momento de choque ou de fortes emoções. Não quer dizer que ao transmutar uma memória você nunca mais vai se lembrar do que o feriu, pois o que aconteceu no passado não pode ser mudado, mas pode ser trabalhado no presente para direcionar o futuro. Quando transmutamos uma memória, na verdade estamos transmutando a energia negativa que foi fixada no momento do acontecimento que a provocou. Estamos liberando a carga motivacional que envia informação para o Universo, atraindo novas situações semelhantes à primeira história, ou que faz com que tenhamos traços de caráter adquiridos com a mesma.

Perceba o que acabo de dizer, a carga motivacional que quer liberar, é a emoção de algum problema. Vamos supor que você ainda não liberou esta carga que é energia com informação que possui vida, vibra e é reativa no Universo, o que acontece? Você certamente vai atrair situações que estão em sintonia com este problema. E se é um problema, provavelmente atrairá outro problema. Principalmente se você não tem consciência de todo este processo. Quando um problema surge você acaba ficando emocionalmente abalado, chateado, chora, e acaba dando mais energia a ele. Portanto, estará dando mais força a esse novo problema que acaba se fixando em sua energia e tem uma informação que vibra para o Universo, atraindo mais situações negativas e assim por diante. Mas entenda, se você chorar, colocando a emoção para fora, se resolvendo internamente com a situação, tudo bem, o problema está em ficar chorando, se agarrando a dor, dando poder a ela, e vivendo o seu gozo perverso. Você já deve ter conhecido alguém que parece que gosta de sofrer, essas pessoas nunca saem do estado de consciência retraída, ficam numa bola de neve e suas vidas só andam para trás. Quanto mais força der aos problemas, mais viverá neles. Perceba que, se você se mantém com o bloqueio, ele possui uma carga motivacional que é um comando para o Universo e que atrairá novas situações que podem ter outro traço em comum com o primeiro. Um mesmo problema pode atrair muitos outros, uns relacionados com uma parte e outros relacionados à outra parte do problema. E assim vamos ganhando entendimento do porque é tão importante perdoar, pois quando perdoarmos, liberamos bloqueios energéticos, não ficamos apegados ao bloqueio que está relacionado com o problema.

Através do reconhecimento da dor e dos problemas, definindo o que incomoda ou o que traz aquele desconforto que é sentido no corpo, você encontrará a chave para limpeza de memórias com o Ho'oponopono que irá de encontro com sua própria essência, fazendo com que você descubra suas verdadeiras qualidades e desta forma possa potencializar as suas ações, os seus objetivos e a sua vida. Posso dizer que assim podemos viver mais e com melhor qualidade.

"O corpo permite que a nossa consciência se expresse, ganhe forma e tenha poder."

O problema

Quando um problema se apresenta, podemos vê-lo como uma oportunidade para transmutar e transcender a carga motivacional que o criou, através do processo de Ho'oponopono. Assim, o que o gerou volta para o estado vazio, sem memórias, e o problema se desfaz, se resolvendo de forma mais tranquila, com menor esforço.

Os problemas são em boa parte causados por nós mesmos, que o atraímos através de nossos pensamentos, emoções e ações. Quando eles surgem, você toma consciência de algum fato ocorrido, acaba sendo um conceito ou ideia que se encontra em seu plano mental e emocional. Desta forma, o problema sendo um acontecimento ou um padrão de pensamento, acaba por influenciar seus sentimentos e, a partir do que você sente, certamente irá agir. Seus pensamentos influenciarão seus sentimentos que por sua vez influenciarão sua ação ou corpo físico. A emoção quando vem, é como um rastro, um fluxo rápido, e depois disso é só apego, mesmo sendo positiva ou negativa. Portanto, temos a possibilidade de responder primeiro emocionalmente e somente depois pensarmos em uma solução. Quando nos alimentamos de informações e sabedoria, passamos a ter um controle emocional maior, a energia nos influencia do corpo mental para o emocional. Isso não quer dizer que a pessoa sábia não usufrui de um sentimento, ou não viva uma emoção saudável, pelo contrário, quanto mais desenvolvida a emoção, mais consciente de todo o processo ela fica. Essas pessoas sentem a emoção conectada ao corpo, desenvolvem uma inteligência emocional, controlando ou não emitindo respostas reativas as situações e permitindo sentir o que lhe traz um saldo positivo na vida. Sabem que a vida é feita de escolhas e uma delas é a forma de lidar com as emoções, seja consciente ou não. E isso fará toda a diferença em suas vidas, será determinante para levá-la ao fracasso ou ao sucesso.

Se você já fez uma meditação no Ho'oponopono, ou praticou qualquer outra meditação a qual se conectou, e sentiu paz, num vazio, com muita tranquilidade, significa que conseguiu entrar em contato com a sua essência. Quando você sente esta conexão, se aproxima do seu SER e se distancia de sentimentos negativos que são validados pelo seu ego nesta dimensão que vivemos. Consegue perceber o quanto estes sentimentos negativos são pequenos se comparados com o Universo e assim os dá menos importância e poder sobre sua vida. Ao conquistar uma expansão de consciência, desenvolve uma visão expandida que ao lidar com os problemas não vive no mesmo nível e sim, enxerga além do problema, o que pode aprender com ele, foca na solução e muitas vezes se rende, agindo o necessário, não se desgastando energeticamente com preocupações ou palavras desperdiçadas, e fortalece sua fé. Com tudo isso, somado à ação necessária, aguarda a solução chegar harmoniosamente. Quando você vê isso se desenrolando percebe o fluxo da realidade se manifestando, a realidade do campo em que vivemos. Um campo quântico.

Então entenda e viva os problemas transitoriamente, pois eles não serão o cenário eterno da sua vida, e podem não ser algo duradouro a não ser que você determine isso. Perceba que desta forma você só se fortalece e desenvolve cada vez mais sua visão, conexão e consequentemente o sucesso.

Existe uma influência dos corpos de fora para dentro, mental, emocional e físico. O emocional pode ser ativado primeiramente por emoções positivas e conscientemente a pessoa permite sentir no corpo os seus frutos, caso contrário, o corpo mental influencia o corpo emocional que por sua vez influencia o corpo físico. Independente disso, o corpo emocional se localiza mais próximo do duplo etéreo e do corpo físico, tem uma energia mais densa, e quanto mais receber energia, mais poderá se materializar ou se manifestar como doença no corpo físico. E nós também estamos emitindo informação para o Universo através de ações, emoções e pensamentos, pois tudo isso envolve energia. A própria emoção é uma energia com informação bem mais condensada que um pensamento, e tem ainda mais força e influência sobre nossas vidas. Se por acaso você já pratica Ho'oponopono, tem aqui um bom exemplo, pode perceber que quando exercita com vontade e coloca emoção nas repetições de suas palavras, incorpora o sentimento e obtém resultados mais rápidos, é mais eficaz. Quando faz somente "da boca para fora", de forma racional e mecânica está envolvendo somente o corpo mental, e muitas vezes não consegue resultados. Algumas pessoas têm dificuldade em praticar sentindo, não conseguem sair do mental. Estas pessoas ainda não desenvolveram a sensibilidade energética, as percepções que serão desenvolvidas através do contato com o próprio corpo. Se você for uma destas pessoas, não se culpe, pois não foi educada para isto. Somente perceba e trabalhe em cima disso, desenvolva esta sua capacidade, pois ela está dentro de você. O Reiki é um caminho excelente para alcançar esse objetivo. Pode também procurar trabalhar o corpo através de alguma atividade que demande mais atenção e foco ao físico e à respiração, como ioga ou pilates, que trabalham o corpo de dentro para fora e estabelecem uma boa conexão consciente entre o mundo interno e externo através da respiração. Existe também a dançaterapia que é baseada nos conceitos de Reich da psicologia corporal, a análise bioenergética. Reich fala sobre as cargas de energia que se prendem no corpo formando couraças e que estão intimamente ligadas ao caráter da pessoa. Inclusive escreveu um livro com este título, "Couraça Muscular do Caráter".

Conforme expliquei, quando algo acontece e você sente algum tipo de emoção, além de criar uma energia densa, cria-se também um nó energético, um bloqueio. Esta energia a qual seu corpo reage com sinais elétricos extras, acaba fixando informações em seu corpo. Mesmo que você esqueça por um momento ou dias do que sentiu, a energia foi produzida, e como vimos, o bloqueio energético tem vida, pulsa e é reativo. Esta energia está fixada em sua mente inconsciente, que tem ligação através de um cordão energético (que os kahunas chamam de *cordão aka*) com seu "Eu Superior", que é diretamente ligado à fonte universal, ao campo de todas as possibilidades. Então veja como é fácil enviarmos uma informação negativa para o Universo que atrairá mais situações negativas.

É preciso se conscientizar de todo este processo, para que você compreenda o funcionamento da sua vida, entenda como o Universo reage aos seus pensamentos e ações e assim trabalhe na sua reforma interior e cuide de seus pensamentos. Se você reclama da vida, pare agora, pelo seu próprio bem, pare de criticar e julgar os outros, pare de olhar a grama verde do vizinho e regue a sua grama, lembrando que cada um tem uma informação e não pode ser igual ao outro. E se for o caso, retire-se da posição de vítima e assim, tome as rédeas da sua história. Tenha cada vez mais pensamentos positivos, conscientize-se desta mudança interna que refletirá na sua vida, no seu mundo, conquistando sucesso e realização.

"O corpo físico se adapta ao nível de energia do nosso corpo mental e emocional."

Memórias

As memórias são cargas energéticas com informações de algo que vivemos em nossa vida e que nos marcou com emoção. Pode ser uma memória positiva ou negativa. Essas memórias podem influenciar muito nossas próximas ações ou escolhas e, por ser uma carga de energia, ela vibra para o Universo esta informação. Então, quando uma memória negativa existe, se ela não for transmutada, por continuar vibrando para o Universo, essa informação pode atrair novas situações com traços semelhantes. Neste caso a pessoa vai adquirindo mais memórias e se bloqueando cada vez mais para determinados assuntos. No nível da consciência não percebemos claramente essas ligações, a não ser a partir de agora que você está ciente deste conhecimento, e pode perceber como os fatos realmente tem ligação. Acabamos atraindo problemas em comum, é aquela velha frase "Por que isso sempre acontece comigo?".

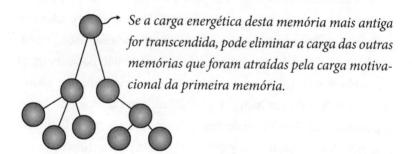

Se a carga energética desta memória mais antiga for transcendida, pode eliminar a carga das outras memórias que foram atraídas pela carga motivacional da primeira memória.

Não temos como mudar algo que já aconteceu. Os fatos estão no passado, mas ao transcender a carga emocional relacionada ao fato, trazendo para o estado zero, você deixa de vibrar esta informação para o Universo. Levando a energia transcendida para o Universo, poderá até lembrar-se do fato, mas não vai revivê-lo ao contar, não sente mais emoção ao falar do que aconteceu. Desta forma, deixa de atrair problemas que poderiam ser até cíclicos na sua vida, ganha liberdade em relação ao seu passado e abre caminho para construir seu futuro.

Muitas vezes, acontece de você agir em direção ao que quer, mas uma memória vibra uma informação contrária. Às vezes a vida parece não andar, você patina no mesmo lugar, pois tem algo emboscando a sua evolução, pode ser que exista uma carga vibrando contra aos seus desejos e metas.

Quando você pratica o Ho'oponopono para um problema atual, ele vai atuar na causa, podendo fazer uma limpeza de uma memória muito mais antiga que chegou a atrair muitas outras. Quando a carga mais antiga é transcendida, automaticamente a carga das próximas memórias perde força, fazendo com que a limpeza seja muito eficaz. Você não precisa saber qual a causa do problema, sua mente consciente não é capaz disso. Mas quando existe a purificação, a mente inconsciente vai entrando em contato com as antigas memórias e começamos a ter insights relacionados a elas. Fica muito claro o que atraiu as novas situações. É incrível. Mas é algo que não se tem controle, que não devemos gerar expectativas em cima disso, mesmo porque nem sempre é o que acontece.

Esta é a essência do Ho'oponopono. Tem uma frase da Morrnah Simeona que expressa muito bem esta ideia de liberdade que conquistamos através da conexão da Divindade interior:

Morrnah Simeona

"O Ho'oponopono é um dom profundo que nos permite desenvolver um relacionamento funcional com a Divindade interior e aprender a pedir que, em cada momento, os nossos erros de pensamento, palavras, feitos ou ações sejam purificados. O processo diz essencialmente respeito à liberdade, à completa liberdade em relação ao passado."

Perdoar

Quando você lê sobre Ho'oponopono, aprende que precisa perdoar. Lembra-se do ensinamento de Jesus de perdoar setenta vezes sete, e parece simples, mas de repente algo acontece com você, alguém o magoa muito, você é passado para trás de alguma forma, é traído, sente muita tristeza pelo fato ocorrido e raiva da pessoa que o colocou em tal situação. Você acha um absurdo o que a pessoa foi capaz de fazer, resolve praticar o Ho'oponopono e passa a se perguntar como vai perdoá-la e dizer que a ama. Neste momento fica difícil praticar, pois sente muita resistência, e é aí que mora o segredo. Você não está perdoando o outro, está perdoando o sentimento dentro de você.

Lembrando o princípio da responsabilidade do Ho'oponopono em que você é 100% responsável por tudo o que acontece na sua vida, e que aquilo só aconteceu a partir do momento em que você tomou conhecimento e sentiu aquela emoção internamente, quando interiorizou o fato, vai perdoar esta emoção que está por dentro para que se sinta bem e não mais se prenda ao passado. Ficar bem é o mais importante neste momento, assim você assumirá seu sentimento em relação ao problema, a responsabilidade do que está acontecendo, para ter a capacidade de transmutar tudo isso. Desta forma conseguirá repetir para o Universo de maneira muito mais eficaz: Sinto muito, por favor, me perdoe, eu te amo e sou grata. Mesmo com a emoção envolvida, ela estará dentro de você, e fica mais fácil trabalhá-la, pois já está em contato com a emoção que precisa ser transmutada.

Perdoar não significa que terá que aceitar esta pessoa na sua vida novamente. Significa que perdoou dentro de você o que a pessoa fez, para ficar bem, mas não necessariamente precisa desculpar a pessoa e trazê-la para sua vida. Desculpar, quer dizer que você está tirando a culpa do outro que lhe fez mal, para que ele se sinta bem também. Nem sempre vai fazer bem uma reaproximação. Se optar por aceitá-la e se magoar novamente, mais uma vez você será responsável por tal situação. Existem casos e casos, nuns podemos nos aproximar, noutros muitas vezes, é melhor nos afastar. Nós desculpamos aqueles com que teremos uma convivência futura ou que temos relacionamentos importantes, a isso chamamos de reconciliação, onde existe perdão e desculpa.

A Lei da Atração

A física quântica é a ciência que estuda a formação do Universo e da matéria, portanto a formação de nossos corpos. Os cientistas provaram que matéria é energia que vibra. Somos energias e emitimos informações através de ondas magnéticas que variam de acordo com a frequência da energia que está sendo emitida. Cada onda tem um comprimento de acordo com sua frequência.

Nosso corpo é composto por diferentes tecidos que são feitos de células, nossas células são compostas por moléculas. As moléculas são compostas por átomos que por sua vez é composto de partículas subatômicas que seriam os prótons, nêutrons e elétrons e hoje já se tem conhecimento sobre os neutrinos, partículas ainda menores. Os prótons, nêutrons e neutrinos ficam no núcleo do átomo enquanto os elétrons giram ao redor. Os átomos têm campo magnético e como somos feitos de átomos, o corpo humano é um grande campo electromagnético.

Nossos pensamentos têm um campo que se propaga através de ondas magnéticas no campo magnético em que estamos imersos e interconectados. Captamos cerca de um pensamento nesse campo magnético, entre onze milhões de bits de informações que estão nos rondando. Através dos nossos pensamentos podemos formar correntes magnéticas, que poderão ser utilizadas para aplicar Reiki à distância, por exemplo, e também sobrevêm os eventos telepáticos.

A partir destes compostos, as leis universais operam as criações dos seres vivos. Tudo o que vivemos, criamos de acordo com nossa própria relação com o Universo, de acordo com as leis universais. Existe uma troca dinâmica entre a nossa consciência e a consciência universal, enviamos informações para o Universo através de nossos pensamentos que carregam carga emocional. A emoção é a linguagem que o Universo responde e devolve em energia manifestando algo, tornando realidade na terceira dimensão. Quando você tentar colocar em prática algo que aparentemente seria ideal, mas que no seu inconsciente vê de outra forma, a ideia não se manifesta, já que você envia uma informação contrária inconscientemente. Este pensamento contrário pode ser uma crença limitante. É a Lei da Atração atuando, você atrai aquilo que emite, então as suas crenças tornam-se realmente reais, pois você as cria e consequentemente atrai energia para elas. Se algo que está vivenciando não lhe agrada, você poderá transmutar a informação que o está gerando para algo que irá sair da sua vida e irá lhe trazer felicidade. O Ho'oponopono é maravilhoso para este fim, você só precisa focar nos problemas presentes ou nas situações indesejadas que estão incomodando sua vida.

"Quando liberamos bloqueios estagnados
restauramos o fluxo da consciência."

A água solarizada

Uma prática de purificação muito utilizada e que vem sendo bastante difundida, é a água solar azul. O método é simples, basta colocar água filtrada em uma garrafa azul e deixá-la exposta ao sol por pelo menos uma hora. O tom do azul independe, e a função ao beber esta água é a mesma do Ho'oponopono, a purificação de memórias. Você pode utilizá-la para cozinhar, beber, fazer seu café, regar as plantas, dar para os animais, até na mamadeira do meu filho eu coloco. Certa vez usei a água solarizada em um bambu que tenho em casa, ele estava muito fraco quando chegou e utilizei a água em seu processo de recuperação, o resultado foi surpreendente.

Não é raro ver pessoas que duvidam de algumas práticas, se a pessoa duvida, com certeza não irá funcionar, pois o processo que estiver em questão estará servindo como um suporte para sua fé na limpeza, e dependendo do que for, pode trabalhar a parte emocional ou hormonal. Comer chocolate M&M´s para purificar memórias dolorosas da infância pode não fazer sentido para alguns, mas será que a cores sortida destes chocolates não mexem com alguma informação do seu subconsciente, ligadas a felicidade, como brinquedos, por exemplo? E o chocolate não libera hormônios de prazer e contentamento? Então existem respostas fisiológicas que podem estar auxiliando em uma intenção de trabalho e limpeza.

O sol é fonte de energia e vida e seus raios funcionam como gatilho para desencadear a produção de alimentos nas plantas. Dependemos do sol e da água para viver. Já está comprovado que a água tem memórias e então energizá-la com a energia solar e ingerir esta água, é colocar esta energia para dentro do seu corpo, uma água com mais vida. A cor azul está ligada a limpeza, ao equilíbrio e ao amor. Beber água solarizada, é como beber uma água que passou por cromoterapia, e traz funções ligadas à cor azul como verdade, devoção, intuição, meditação, expansão, calma, sinceridade, poder no plano mental, sacrifício por um ideal, prioridade para com o outro, bondade, pureza, controle, lealdade, sociabilidade, amor à família, companheirismo, limpeza, ordem, bom senso estético, propicia os estudos, sensibilidade, altivez, ternura, amor, harmonia, tradição, ética e integridade.

Saiba mais sobre este assunto acessando o conteúdo digital do livro usando o QR Code[1] ao lado ou acessando o link: www.novasenda.com.br/interatividade/julianadecarli.html.

Estágios de despertar

De acordo com Joe Vitale, existem quatro estágios do despertar:
- Vitimização
- Empoderamento
- Rendição
- Despertar

O primeiro estágio, o da *Vitimização* é um nível em que a maioria das pessoas se encontra e muitas passam a vida toda nele. Nós não somos educados para nos alinharmos com a Divindade, à maioria não aprende que a vida é muito mais do que a matéria e que cada ser humano tem poder de se manter equilibrado e de transformar uma série de coisas. Felizmente esta visão vem

---

1. Código de barras em 2D que pode ser escaneado por Smartphones, tablets ou Webcams. Esse código, após a decodificação, passa a ser um trecho de texto, um link que irá redirecionar o acesso ao conteúdo publicado em algum site. Sendo assim necessita de acesso à internet para funcionar.

mudando gradativamente entre as pessoas. Mesmo que cada um crie a sua própria vida, o faz inconscientemente, perdendo assim o controle sobre si mesmo. Quando somos crianças, a mãe falta ao trabalho e da mais atenção ao filho que está doente, assim, desde cedo o indivíduo acaba aprendendo que ser um coitadinho o beneficia com mais amor e atenção. É preciso ter cuidado como pais para não cair nesta armadilha, porque a criança não terá controle nem consciência alguma ao formar um padrão como este. Naturalmente ela se torna um adulto que se vitimiza, que culpa os outros, não assumindo a responsabilidade pelos acontecimentos da vida. Quando colocamos a culpa no outro, depositamos o poder em suas mãos, pois ele teve a capacidade de transformar algo, mesmo que negativo, e até mesmo foi capaz de nos influenciar. O ponto é que, enquanto a pessoa manter-se no estado de vítima, acreditando obter benefícios dessa posição, a sua vida não será transformada. Mesmo que veja algum lado positivo, estará perdendo uma série de outros benefícios por não apoderar-se de suas forças. Muitas pessoas acabam não descobrindo do que seriam capazes ao se colocar como responsável pela própria vida, ao invés de ser um peso para os outros. Com isso a vida ganha movimento, leveza, e você, alegria, satisfação e realização.

Empoderamento, que é o segundo estágio, é quando, após a pessoa se dar conta de que está em um padrão de vitimização, passa a se responsabilizar e percebe o quanto é capaz de se transformar. É quando a pessoa entende que pode muito mais do que imaginava, que tem poder sobre sua própria vida e ainda pode influenciar a vida de outras pessoas.

Praticando o Ho'oponopono você está no segundo ou até no terceiro estágio do despertar, que é a *Rendição*. Quando a pessoa ao experimentar seu próprio poder percebe que existe algo muito maior, que é a Divindade, se rende a ela, pois percebe que a sua própria força nada é perto da força de Deus, da Fonte. Pois somos filhos de Deus e ele tem a sabedoria maior.

E temos um último estágio, aquele em que percebemos que somos muito mais do que corpo, pensamentos e emoções. E entedemos que estamos vivenciando tudo isso. Olhamos para a natureza como sendo parte dela, nos conectamos com seus sinais, com sua beleza e abundância. Percebemos nossas palavras, sentimentos, pensamentos e comportamentos. Conectamo-nos com nosso estado de espírito, trabalhamos sempre em busca da evolução, estando atentos à vida, vivendo alerta mesmo que relaxados, pois é o estágio em que estamos despertos. O *Despertar*!

O Ho'oponopono auxilia muito no despertar, pois alinha corpo, mente e espírito e vai naturalmente expandido a consciência. O Reiki também nos auxilia, como um método de conexão direta, nos tornando canal de energia. Ambas as técnicas são ferramentas excelentes para termos como auxílio na nossa caminhada na Terra.

> *"Através da meditação do Ho'oponopono*
> *você pode mudar a sua realidade."*

II

O poder das palavras

O HO'OPONOPONO É UM MÉTODO QUE CURA através das palavras: Sinto muito, Me perdoe, Eu te amo e Sou grato. Para muitas pessoas isso pode parecer impossível, mas atualmente já tem estudos do poder das palavras, da influência dela sobre nós. Um cientista e doutor japonês chamado Masaru Emoto, que se formou em Ciências Humanas pela Yokohama Municipal University e em Medicina Alternativa pela Open International University, descobriu através de experimentos e extensa pesquisa, que cristais formados a partir de água congelada mudam de acordo com os pensamentos direcionados para a água.

Abaixo transcrevo um trecho dos estudos do Dr. Masaru Emoto:

"Eu acredito, com base nas minhas pesquisas, que o oceano contém a memória de todas as criaturas que já viveram em suas águas e que as geleiras do nosso Planeta podem muito bem conter a história de milhões de anos da Terra. A água circula pelo globo terrestre, flui pelo nosso corpo e se espalha pelo resto do mundo. Se conseguirmos interpretar as informações contidas na memória da água, nós poderemos compreender o cosmos, as maravilhas da natureza e a própria vida.

48 | *Desenvolvendo seu Poder Pessoal*

Como eu sempre digo, energia é vibração e vibração é vida. As palavras também são vibrações, portanto elas são vida. A meu ver, os povos antigos sabiam que tudo começa com uma vibração e tinham consciência de que vibração é vida, luz e som.

Acho que os seres humanos criaram as palavras com o propósito de diferenciar esses sons e comunicá-los às outras pessoas. Portanto, os sons das palavras nada mais são do que uma dádiva divina da natureza. Os desenhos dos cristais de água são uma ilustração dessa dádiva divina.

A água é um meio que recebe e interpreta até as vibrações mais sutis. Ela capta essas vibrações naturalmente, mesmo quando estão nos caracteres ou letras que representam a linguagem, e nos mostra a energia dessas vibrações por meio de cristais. A água tenta nos comunicar alguma coisa. Emoções negativas impedem que ela cristalize. Emoções positivas dão origem a belíssimos cristais de formato hexagonal.

A água compõe 70% do nosso corpo e, para mim, não resta dúvida de que as informações contidas na água têm um papel fundamental para a nossa saúde, assim como para as nossas atitudes com relação ao mundo e do mundo com relação a nós".

Abro um parêntese aqui, para explicar um porque mais profundo desta citação. Eu decidi colocar nesse livro, um pouco sobre a pesquisa do Dr. Masaru Emoto, então pesquisei na internet mais uma vez sobre ele, pois há anos eu acompanho seu trabalho e o assisto eventualmente. No decorrer da semana, deixei um livro dele e fotografias de cristais no centro da sala de minha casa. Na sexta-feira segui para São Paulo, para casa de meu pai, com meu marido e filho, para um curso no final de semana. No sábado quando chego do curso, meu pai me diz que Masaru Emoto fez sua transição, nos deixando no dia 17 de outubro de 2014.

Como homenagem, fiz questão de transcrever as palavras originais do querido Dr. Masaru Emoto com sua sensibilidade tamanha a ponto de desenvolver esta pesquisa brilhante, tão profunda e marcante que nos acompanhará em nossa evolução neste mundo. E que agora, o poder e a vibração de suas palavras fiquem aqui enraizados em meu livro.

Assim como comprovado na pesquisa do Dr. Masaru Emoto, as palavras que possuem vibração positiva emitem um poder de transformar a água em cristal quando congelada. Sendo assim, palavras de humildade, perdão, amor e gratidão, utilizadas no Ho'oponopono, têm esta capacidade de influenciar a água de nosso corpo e a nossa energia.

Segue algumas fotografias de Masaru Emoto das moléculas de água sob infuência de palavras que utilizamos no Ho'oponopono:

Cristal de Obrigado

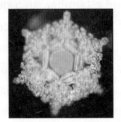
Cristal de Amor e Gratidão

Abaixo, fotos de cristais de oração e harmonia, pois ao praticar Ho'oponopono você pode orar e conquistar harmonia em seus pensamentos, para suas emoções e para seu corpo.

Cristal de Oração

Cristal de Harmonia

O poder das palavras do Ho'oponopono

Quando dizemos *"Sinto Muito"*, nós reconhecemos o problema e nos tornamos responsáveis por ele. Ao assumirmos um problema, seja nosso, seja de outra pessoa, estamos sendo humildes. Aí você pergunta:

"Ah, mas e se eu não concordar com o que a pessoa fez?".

Tudo bem, você não está aceitando o problema, somente o está reconhecendo e estará orando ou praticando por ele. O ponto é que ao assumi-lo você adquire poder e pode mudar algo, não se coloca como uma vítima que é levada pelas situações. Se o problema for seu – muitas vezes as pessoas não conseguem enxergar os próprios problemas, pois seus desvios o seguem há tempos e se tornam algo comum e familiar, algo que a pessoa está acostumada a carregar pela vida –, quando perceber uma deficiência em você, assuma, para que assim você possa trabalhar esse problema. Se você se negar a aceitá-lo, não poderá mudar e deixar este traço para trás. Assumindo este problema não quer dizer que você precisará falar para todo mundo sobre ele, colocar na internet, gritar para o mundo todo ouvir, basta assumir para si mesmo e é suficiente. Então ao dizer "Sinto muito", estamos vivenciando um dos princípios de Jesus e dos kahunas, a humildade.

Quando dizemos *"Me perdoe"*, estamos nos libertando do bloqueio energético, do nó energético que estava vibrando negativo em nosso corpo e para o Universo. Desta forma deixamos de atrair novas situações negativas para nossas vidas ou deixamos de agir de maneira desequilibrada. E assim vivenciamos o segundo pilar de Jesus, o perdão.

Podemos relembrar uma passagem da Bíblia:

"Então Pedro aproximou-se de Jesus e perguntou: – Senhor quantas vezes deverei perdoar a meu irmão quando ele pecar contra mim? Até sete vezes? – E Jesus respondeu: – Eu digo a você: Não sete, mas até setenta vezes sete."

(Mateus 18:21-22)

Ao falar *"Eu te amo"*, estamos vibrando amor, pois esta é a vibração emitida por esta palavra. Como Masaru Emoto falou, as palavras existem para expressar a vida que elas possuem através do som, ou também podemos dizer que as palavras existem para dar vida aos significados que as pessoas querem expressar uns aos outros. Ao dizer "Eu te amo" acabamos vibrando, além de amor, um sentimento profundo do nosso Eu para o outro, e isso fortalece ainda mais esse sentimento, pois estabelece uma ligação com a situação ou pessoa que precisa receber esta energia. O amor é a energia mais nobre que temos, pois ele é essência divina. Quando o amor toca uma pessoa, qualquer situação ou relacionamento que tenha essa carência, tudo se transforma, abranda, neutraliza as forças negativas, pois busca a essência que está dentro da própria pessoa ou daquela situação, preenchendo-a de amor e dando a ela uma sensação de completude, de unidade.

Quando manifestamos o sentimento de gratidão dizendo, *"Sou Grato"*, estamos reconhecendo para o Universo que recebemos alguma bênção, estamos reconhecendo que conquistamos a cura. E isso fortalece o fluxo energético entre você e o Universo ou entre a pessoa para o qual você praticou Ho'oponopono e o Universo. Desta forma traz mais manifestações para pessoa ou situação em questão.

Aloha

Um dos princípios do Ho'oponopono é o Aloha, que significa na presença (Alo) do divino (ha). Podemos usar essa expressão para pessoas, lugares, situações e coisas, como se ao dizer Aloha estivéssemos abençoando algo ou espalhando a energia da divindade que é amor. Por isso, quando falamos que Aloha é um princípio Kahuna, dizemos no sentido de compartilhar amor. Uma vez que tudo está vivo, atento e reativo, podemos utilizar o poder do amor para que transformemos vidas. Literalmente vibrando amor para as pessoas. Para isso é importante não julgar, não analisar, pois somente assim o amor brotará. O amor é puro, não é racional, ele aumenta quando o julgamento diminui. Podemos fazer isso através de palavras, abençoando, através de atos, ou enviando sentimentos positivos, energias positivas. Podemos imaginar amor saindo do nosso coração em direção as pessoas, abençoando-as. Não podemos nos esquecer do ensinamento de Jesus: *"Amarás ao teu próximo como a ti mesmo"* (Mc 12,31). Devemos sempre nos lembrar da importância de nos amarmos antes de tudo, pois somente podemos doar aquilo que temos.

Como expliquei em meu livro Ho'oponopono – método de autocura havaiano, as palavras havaianas são formadas por raízes associadas a certos vocábulos que dão origem a palavras com significado específico ou ideia. No caso, cada letra da palavra Aloha possui um significado e novo princípio a ser desenvolvido pelo Eu. E que, de acordo com os kahunas, desenvolver estes princípios, nos leva a Deus. Então eu quero você reflita comigo cada um desses princípios para que assim desenvolva aos poucos estas qualidades em você, levando esta sabedoria e a paz para sua vida.

"Conscientizar-se do amor que existe dentro de você é alinhar-se a força do universo."

A DE ALOHA

Significa Ala, que seria ver a vida a estar sempre alerta.

"Estar alerta de qual maneira? Ou em relação a quê?".

Você já ouviu falar na máxima "Orai e vigiai"? Ela vem da passagem: "*Vigiai e orai para que não entreis em tentação*" (MATEUS 26,41). As tentações podem se apresentar na sua vida em determinadas situações que você atrai através de seus pensamentos. A vigília começa nos nossos pensamentos, pois toda ação precede do que pensamos.

A seguir transcreverei uma passagem do *Livro dos Espíritos* de Allan Kardec, Cap. IX, que considero esclarecedora para este assunto, ao mesmo tempo em que ajuda as pessoas a entenderem como funciona a influência do mundo invisível.

Influem os Espíritos em nossos pensamentos e em nossos atos?
"*Muito mais do que imaginais. Influem a tal ponto, que, de ordinário, são eles que vos dirigem.*"

Por que permite Deus que Espíritos nos excitem ao mal?
"*Os Espíritos imperfeitos são instrumentos próprios a por em prova a fé e a constância dos homens na prática do bem. Como Espírito que és, tem que progredir na ciência do infinito. Daí o passares pelas provas do mal, para chegares ao bem. A nossa missão consiste em te colocarmos no bom caminho. Desde que sobre ti atuam influências más, é que as atrais, desejando o mal; porquanto os Espíritos inferiores correm a te auxiliar no mal, logo que desejes praticá-lo. Só quando queiras o mal, podem eles ajudar-te para a prática do mal. Se fores propenso ao assassínio, terás em torno de ti uma nuvem de Espíritos a te alimentarem no íntimo esse pendor. Mas outros também te cercarão, esforçando-se por te influenciarem para o bem, o que restabelece o equilíbrio da balança e te deixa senhor dos teus atos.*"

É assim que Deus confia à nossa consciência a escolha do caminho que devamos seguir e a liberdade de ceder a uma ou outra das influências contrárias que se exercem sobre nós.

Pode o homem eximir-se da influência dos Espíritos que procuram arrastá-lo ao mal?
"Pode, visto que tais Espíritos só se apegam aos que, pelos seus desejos, os chamam, ou aos que, pelos seus pensamentos, os atraem."

Por que meio podemos neutralizar a influência dos maus Espíritos?
"Praticando o bem e pondo em Deus toda a vossa confiança, repelireis a influência dos Espíritos inferiores e aniquilareis o império que desejam ter sobre vós. Guardai-vos de atender às sugestões dos Espíritos que vos suscitam maus pensamentos, que sopram a discórdia entre vós outros e que vos insuflam as paixões más. Desconfiai especialmente dos que vos exaltam o orgulho, pois que esses vos assaltam pelo lado fraco. Essa é a razão pela qual Jesus, na oração dominical, vos ensinou a dizer:

> *"Senhor! Não nos deixeis cair em tentação,*
> *mas livrai-nos do mal."*

A partir deste texto fica claro que nós temos livre-arbítrio para agirmos de acordo com nossa vontade. Nossos pensamentos estarão determinando o que vamos atrair na nossa vida, tanto o que se manifesta positivamente, quanto negativamente, assim como atrai a qualidade dos espíritos desencarnados, sejam positivo ou negativo. Estes espíritos estarão fortalecendo nossos ímpetos e tendências ao abrirmos espaço a partir do pensamento, para que ajamos de acordo com ele. Este é mais um motivo para que cuidemos de nossos pensamentos e vivamos a vida de forma a estar sempre alerta.

L DE LOKALI

Lokali seria trabalhar com a Unidade, ou seja, procurar alinhar seu corpo com sua mente e seu espírito.

Para alinhar corpo e mente é importante fazer o que se prega. Agir conforme suas palavras. É perceptível que muitas pessoas estão desconectadas de seus corpos e, se isso está acontecendo, mostra que estão desconectados por inteiro, pois mente e corpo não são coisas distintas, é através das suas conexões que se encontra a conexão com o espírito. O corpo é a parte exterior da mente e a mente a parte interior do corpo. Você pode atingir sua mente através do seu corpo, como pode atingir seu corpo através da sua mente. Mas o corpo é mais palpável, é mais fácil de ser manipulado do que a mente, então um trabalho de limpeza de padrões e bloqueios pode ser iniciado pelo corpo e ter sucesso facilmente, só é preciso querer e se permitir.

Muitas pessoas quando têm alguma doença, tratam do corpo para se curar, mas só conseguem atingir 50% da cura, afinal o ser como unidade é corpo e mente. E na mesma linha de raciocínio existe o contrário, pessoas que acreditam que toda doença possa ser psicossomática, cuidam somente da mente, mas também atingirão 50% da cura. Sabemos que 90% das doenças são psicossomáticas. *Psico* vem de psique que significa "mente", e *somático* de "soma" que significa corpo, o pensamento em desequilíbrio que traz doença ao corpo, então a busca da cura deve ser no corpo e na mente. Não coloquei espírito, pois estamos falando dos seres desta dimensão e o espírito é o princípio inteligente do Universo. Toda doença e todo problema deve ser atacado simultaneamente em aspectos físicos, psicológicos, e espirituais. A esta busca de resultados e soluções em diferentes e complementares aspectos, podemos chamar de busca por uma solução espiritual. Todo problema tem uma solução espiritual, na qual a visão sobre ele é expandida, enxerga-se além do nível do problema. E por isso podemos unir esta busca de soluções espirituais ao conhecimento do Ho'oponopono, onde não descartamos e sim reforçamos a prática da técnica somada à ação em direção à meta e objetivo que se tem. Seu corpo, sua mente e sua alma são energia, a diferença está no comprimento das ondas desta energia.

Lokali então seria trabalhar sua vida, seu equilíbrio, seus problemas e seu próprio Eu em todos os aspectos, trabalhar sua energia por inteiro, com a unidade corpo, mente e espírito.

O DE OIAIO

Oiaio significa honestidade.

A honestidade é uma virtude básica para o crescimento espiritual, pode-se dizer que é a primeira virtude necessária para que haja uma conexão com o mundo angelical. Através da honestidade e da justiça encontra-se o amor, e por isso atos honestos são sagrados. A desonestidade cria inimizades, infelicidades, ódio e guerras. Da mesma forma que atraímos para nossa vida situações e pessoas positivas ou negativas de acordo com nossos pensamentos, imagine então o que atraímos através de nossas ações, que são ainda mais visíveis. Colhemos o que plantamos, portanto ser honesto é uma virtude básica, que faz parte do pilar de um ser humano equilibrado, desenvolvido, consciente e conectado.

É importante ser honesto nos seus atos com os outros e consigo mesmo. Para todo o processo de autoconhecimento, precisamos nos aceitar da forma que somos, aceitar nossas dificuldades e defeitos e para isso precisamos ser honestos. Para uma autoaceitação acontecer é preciso haver humildade, reconhecer suas fraquezas e forças e buscar o seu melhor.

H de Ha'aha'a

Ha'aha'a significa humildade.

A humildade vem após a honestidade, pois a honestidade está ligada ao chacra cardíaco, uma vez que leva a desenvolver o amor. A humildade já está ligada ao chacra laríngeo, quando a pessoa transcende o ego e eleva sua energia em direção à conexão com o Universo. Para transcender o ego é preciso de humildade. O chacra laríngeo é o primeiro centro energético do elemento éter, um elemento mais sutil que não faz parte da nossa dimensão. Já é um chacra que está para um corpo em outra dimensão. Portanto, a humildade é à base da elevação espiritual. Se você quer mudar, a primeira coisa que precisa fazer é admitir um defeito próprio que precisa ser polido, trabalhado e para isso é preciso humildade para assumir, mesmo que para si mesmo, o defeito a ser mudado.

Tem algumas frases sobre humildade que gosto muito, mas que desconheço seus autores, de qualquer forma as transcreverei aqui para melhor entendimento:

"Humildade não te faz melhor do que ninguém,
mas te faz diferente de muitos".

"Por mais inteligente que alguém possa ser,
se não for humilde, o seu melhor se perde na arrogância".

"Humildade ainda é a parte mais bela da sabedoria".

A humildade é importante para o Ho'oponopono, para que você
assuma a responsabilidade da situação pela qual orará.
É preciso de humildade para perdoar.
Para mim, a humildade é o que traz equilíbrio para o nosso ego.

A de Ahonui

Ahonui significa ter paciência e perseverança.

A paciência é uma virtude que se a pessoa não tem, pode ser desenvolvida com trabalho interior. Paciência é diferente de tolerância e de perseverança. Quanto mais desenvolver sua espiritualidade, mais desenvolverá sua paciência, mais entenderá que para se concretizar objetivos e metas em bases sólidas, é preciso agir e construir com habilidade. Muitas vezes é preciso antes de concretizar um objetivo, desenvolver alguma habilidade, não agir impensadamente ou rapidamente, e para isso a razão está estabelecida, não deixando as emoções tomarem conta por impulsos. Assim, busca-se o resultado com mais objetividade e sabedoria, entendendo que é preciso ter paciência e perseverança para alcançar as conquistas da vida. Tudo é conquistado, construído e só temos o tempo da terceira dimensão que é lento. É importante compreender isso, pois tudo tem seu tempo e chega a nós no momento certo. Precisamos respeitar o ciclo da vida e os momentos de construção, crescimento e colheita.

A tolerância mostra uma inquietação e incapacidade, que muitas vezes é determinada pela pessoa que se põe vítima da situação, pois está aceitando algo que passou do limite, e não está agradando. É importante ter a visão dos limites e fazer intervenções equilibradas em momentos em que o ultrapassam. É muito importante respeitarmos os limites de nós mesmos, do nosso corpo e mente. Assim como é importante respeitar os limites das outras pessoas e da sociedade, para que exista uma harmonia geral. Um limite da sociedade pode estar relacionado ao meio ambiente, como pode estar relacionado a leis e regras para que exista um convívio mais harmônico.

A perseverança é uma virtude que une a paciência, a fé e a ação. Portanto, ela ajuda a desenvolver a disciplina no ser humano e é uma virtude complexa em sua vivência, o que a faz muito nobre.

III

Reiki

REIKI É UM MÉTODO DE EQUILÍBRIO, reposição e desbloqueio energético que se faz possível através da canalização de energia, feita por uma pessoa corretamente iniciada por um Mestre habilitado, passada a si próprio ou ao outro, principalmente por imposição de mãos.

Rei é a energia cósmica universal, a energia divina, o "Todo" de Deus. Já o *Ki* é a energia vital, aquela que todos nós temos para sobreviver e que faz parte do nosso campo magnético.

Quando um reikiano quer fazer uma aplicação e se conecta para tal, a energia *Rei* desce em espiral e entra no seu chacra coronário, unificando-se a sua energia *Ki* e isso faz com que a energia adense em nível do campo vibracional humano, tornando-a capaz de ser recebida por outra pessoa.

Portanto a união da energia *Rei* com a energia *Ki*, forma uma terceira energia, a energia Reiki.

A energia Reiki propaga na velocidade da luz (300.000 km/s) e por isso pode ser programada para um evento passado ou futuro e/ou enviada à distância. A velocidade da luz pertence à quarta dimensão, ou seja, a dimensão espaço-tempo, onde não existe espaço e nem tempo, grandezas estas tidas como "relativas".

E o que isso significa exatamente?

Inicialmente vamos entender a Teoria da Relatividade de Albert Einstein. Ele percebeu que, se dois objetos em direções opostas se colidissem, o impacto era referente à soma das velocidades, ao mesmo tempo em que, se colidissem na mesma direção, o impacto era referente às velocidades subtraídas uma da outra. Reparando na velocidade, questionou então a velocidade da luz e fez experiências onde mudava o foco de luz de lugar, percebendo que, independente de onde estivesse este foco, ao ligar a luz, a iluminação era praticamente instantânea. Einstein não conseguiu nenhuma explicação para tal mistério e simplesmente aceitou como verdade que a velocidade da luz era a velocidade mais rápida que existia, e a partir da sua aceitação conseguiu estabelecer a famosa "Teoria da Relatividade", $E=m.c^2$ (E=energia; m=massa; c=velocidade), conhecida em todo mundo e que mostra que energia e matéria podem ser convertidas umas nas outras.

Aliás, o que é massa vezes velocidade?

Podemos dizer que esta multiplicação seria equivalente a muitas partículas de energia condensadas, ou seja, o momento em que seus elétrons perderiam velocidade e, unindo-se uns aos outros, formariam a matéria. Agora, quando temos um núcleo, com elétrons girando em torno dele, os elétrons que estão na camada (nível) de fora necessitam girar mais rápido que aqueles da camada (nível) de dentro, para conseguirem manter-se em órbita naquele mesmo núcleo. Tomando este pequeno exemplo, e agora, visto de forma maximizada, podemos compará-lo ao Planeta Terra em relação aos seres que nele transitam. O Planeta seria o núcleo, gigante se comparado a um átomo, e que possui maior magnetismo (força da gravidade atuando), e os seres humanos, por exemplo, seriam os elétrons.

Se pensarmos que quanto mais longe do núcleo, mais rápido um objeto precisa estar para acompanhar este núcleo, então como seria, por exemplo, para um ser dentro de um avião, foguete ou mesmo ÓVNI, viajando em estratos superiores da atmosfera, numa velocidade relativa? Penso que, para quem está dentro destas aeronaves o tempo é diferente do que para aqueles que estão perto do centro magnético, neste caso a Terra. O tempo nos estratos superiores da atmosfera passaria bem mais rápido, como se uma viagem de meia hora equivalesse há 50 anos para aqueles que sobre o solo da Terra estivessem.

O entendimento da aplicação prática da Teoria da Relatividade nos faz compreender melhor como a Energia Reiki funciona tão bem e instantaneamente, mesmo quando enviada à distância. Ela nos mostra que esta energia trabalha numa velocidade muito superior a qual estamos acostumados, apesar de sermos adaptados a velocidade de rotação do Planeta Terra que é de 60.000 km/h.

A técnica Reiki é considerada uma terapia "holística", palavra advinda do radical grego "Holos" que significa *Total*. Portando é uma terapia que trabalha o ser como um todo, ou seja, o seu corpo físico, emocional, mental e espiritual. Desta forma podemos aplicar Reiki quando sentimos dor no corpo físico, tomando o exemplo das cólicas em mulheres. Podemos tratar uma depressão que se encontra no corpo emocional ou tratar o corpo mental, acalmando a mente e os pensamentos de alguém em estado de extrema agitação ou ansiedade. Por fim, podemos tratar também o corpo espiritual, alimentado pelas práticas de conexão com o divino. Estes são pequenos e grandes exemplos do que podemos conseguir com a prática desta técnica poderosa.

Outro ponto a se destacar é o fato de que a energia é neutra e somos nós que a polarizamos. Com pensamentos positivos e agradáveis, teremos uma aura mais equilibrada, com belas cores e emanando energias positivas, enquanto que se cultivarmos pensamentos negativos, como por exemplo, a raiva, nos poluiremos com esta vibração através da energia negativa que emite, apresentando uma aura sem equilíbrio e com cores horríveis.

O Reiki é uma energia que vem de Deus e, portanto, só pode fazer o bem. É energia de puro amor e cura, sendo que quando o reikiano recebe a energia *Rei* de Deus, ela passa pelo chacra cardíaco do terapeuta e vai para as mãos, sendo então canalizada para o cliente.

Todo ser humano possui energias feminina e masculina, yin e yang, respectivamente. Se a pessoa tem um déficit de energia yin, o Reiki pode atuar fornecendo mais yin, assim como se necessitar de energia yang, o Reiki proporcionará energia masculina yang, equilibrando-a energeticamente. Devido a este fato, o Reiki é considerado uma técnica sem polaridade, uma energia de puro amor e, portanto, seguro.

Reiki e atividade física

Como professora de educação física formada pela Unicamp em 2010, algumas percepções e analogias com meus estudos puderam ser associadas ao Reiki. Após uma pessoa praticar atividade física, ela sente um bem estar juntamente ao cansaço do corpo, isso devido aos hormônios que proporcionam prazer (serotonina e dopamina) que são liberados. Lembrando que corpo físico é matéria, e toda matéria tem seu campo magnético e converte-se em energia, e vice-versa, então pude enxergar de maneira diferente a atividade física que agora explico.

Os elétrons dos átomos, componentes da matéria de um determinado ser humano após a prática de atividade física, giram mais rápido, portanto, quanto mais rápido um elétron gira, maior é a distância entre ele e seu núcleo. Assim sendo, ocorre uma expansão áurica depois de realizada uma atividade física moderada a intensa, uma vez que o conjunto de átomos com elétrons estão girando mais rápido e com um diâmetro maior.

É sabido também que a Pineal, única glândula formada ainda durante a fase embrionária do ser, deixou de ser um órgão até então sem função, isso porque ela, juntamente à glândula Pituitária, é responsável pela produção de nove hormônios, dentre eles, aqueles que fazem parte da menstruação, digestão e ejaculação.

A glândula Pineal lida com o tempo, e é responsável pelos ciclos circadianos, que faz o balanço metabólico do nosso corpo diariamente. Sabendo que o "tempo" faz parte da quarta dimensão, aquela que é superior ao nosso plano, tem-se que a glândula Pineal é chamada de "glândula da Mediunidade" segundo Chico Xavier (*Missionários da Luz*).

E o que tudo isso tem a ver com a expansão da consciência?

A glândula Pineal carrega em seu interior, cristais de apatita, como comprovou o Dr. Sérgio Felipe de Oliveira, médico neurologista pesquisador e professor da USP. Sabemos que os cristais são formas de luz em matéria mais pura que existe e que contêm muitos elétrons que percebem os campos magnéticos. Desta forma estes cristais podem perceber um ao outro e também a si próprio, acabando por responder a estímulos energéticos da expansão causada pela atividade física e assim desencadear a produção dos hormônios. Tudo bem que esta produção depende, dentre outros fatores, de uma boa alimentação, mas quero aqui apontar uma forma de expandir sua aura, que é através de exercícios físicos, algo totalmente antidepressivo e prazeroso.

O prazer que uma pessoa sente após a atividade física, dá-se também devido a expansão áurica que ocorre naquele momento, e realmente temos a sensação de estarmos maior, mais expandidos, é como a sensação de consciência retraída e expandida. Se você está dirigindo e quase bate o carro, leva um susto e age automaticamente para frear ou se redirecionar na estrada. Neste momento a sua consciência se retrai, tanto que você não consegue pensar qual será a melhor solução ou opção, age por instinto, não racionalmente. Temos a sensação da consciência retraída. Assim como temos a sensação da consciência expandida quando aprofundamos o grau de entendimento sobre determinado assunto. Então, a atividade física, proporcionando a expansão áurica, auxilia no processo de expansão de consciência energeticamente.

Reikiano tem conexão direta com a Fonte

No Reiki, quando a pessoa é iniciada, passa a ter automaticamente mais energia, isso porque está diretamente conectada com a fonte Divina, apresentando por consequência uma expansão da sua aura. Isso o beneficia como um todo, em todos os corpos, físico, emocional, mental e espiritual.

Vi muitos alunos, por mim iniciados, recuperarem seu equilíbrio energético. Eles trabalhavam muito, estavam fracos e desgastados, mas conseguiram cumprir seu trabalho e produzir ainda mais. Isso se da, porque com a energia Reiki presente, a pessoa se sente mais disposta, apresenta menos cansaço físico e mental e consequentemente produz mais. Claro que a alimentação e outros fatores podem contribuir muito para isso também, pois estão igualmente ligados a produção de hormônios e ao bom funcionamento do corpo, mas tudo está interligado e por isso falamos de diferentes fatores nesta nova abordagem.

Com a expansão áurica, acontece também uma ampliação da consciência e consequentemente a pessoa torna-se mais sensível, suas percepções se aguçam, há aceitação e uma melhor compreensão de fato acontece. Tudo sendo parte do estágio de evolução de cada um.

Como já dito, o Reiki é um método em que a energia é utilizada para cura ou simplesmente para manutenção da saúde em todos seus aspectos. Reiki não é religião e nem está vinculado a nenhuma delas. O próprio Mikao Usui era padre cristão, professor de teologia, estudou sutras em sânscrito e budismo, tudo isso visando sua busca pelo descobrimento de uma técnica de cura, assim como Jesus fazia. Da mesma forma, meus estudos do kardecismo, budismo e catolicismo me adicionaram conhecimento e sempre procurei a interconexão entre eles. A religião não perde sua importância ensinando sua filosofia de vida às pessoas, através da oração, com fé, qualquer ser humano pode entrar em contato com Deus, a Fonte Divina.

A energia não é dos reikianos, ela pertence a todos e a Deus. Eles somente têm um conhecimento de como lidar (conexão e manipulação) com esta energia de Deus, após sua iniciação, e direcioná-la para a cura.

"Vamos fazer de nossos sonhos sementes e cultivá-los alinhando nossos pensamentos, atitudes e ações."

Amar ao próximo como a Si Mesmo. Cuidar de Si Mesmo antes de cuidar do próximo

Quando uma pessoa aplica Reiki, recebe energia *Rei*, como já dito anteriormente, porém cabe afirmar que parte desta energia fica para o reikiano, fazendo com que a pessoa termine uma sessão mais energizada do que quando começou. Sendo assim, este método não desgasta o terapeuta e sim o beneficia energeticamente, quanto maior for o uso da energia Reiki, mais forte se tornará energeticamente.

Como todo reikiano pode se autoaplicar, automaticamente ele é capaz de cuidar de si próprio, repondo sua energia, mantendo-a em alta frequência, liberando toxinas, ou mesmo trabalhando bloqueios energéticos. O autotratamento é muito importante para manter o equilíbrio do reikiano, principalmente se ele atuar como terapeuta no atendimento a outras pessoas. Cuidar de si próprio, para estar preparado para cuidar do outro, é muito importante e, além disso, esta prática de cura ao próximo traz também o desenvolvimento pessoal, espiritual e elevação de consciência ao terapeuta, ao longo de sua jornada de trabalho de cura. Tudo o que o reikiano passar para um cliente, seja amigo, conhecido ou não, ele precisa necessariamente assumir em si mesmo, para agir de acordo com suas palavras.

Quando um terapeuta Reiki atende uma pessoa ou um animal, não cabe a ele diagnosticar o desequilíbrio, apesar de que, ao terminar uma sessão, ele sabe quais chacras estavam em maior desequilíbrio, e sabendo ao que cada chacra corresponde, tem-se ideia da necessidade de mais energia, de acordo com o fluxo nestes pontos. Neste caso dá para ter uma boa ideia da situação da pessoa, porém se alguma palavra for dita, é importante que tenha fundamento em estudos e experiências efetivas e claras junto aos mestres de Luz que assistem aos atendimentos. Minha experiência me permite hoje sentir meus mestres e também os mestres das pessoas durante um atendimento ou os das que estão sendo iniciadas nos cursos. Por isso sempre peço permissão aos mestres dos meus alunos ou clientes para que o trabalho seja feito adequadamente, pedindo auxilio para que traga cura e bênçãos à pessoa.

Como o Reiki é uma energia de origem divina, ele nunca fica obsoleto e sua prática se mostrou importante desde seu descobrimento na cura física, emocional, mental e espiritual das pessoas, até os dias atuais. Não é como um computador, moderno objeto que fica obsoleto em menos de dois anos. O Reiki mostra-se cada vez mais adequado a Era em que vivemos a qual estamos passando por um período de transição de um mundo de provação para um mundo de regeneração. Neste contexto, muitas pessoas ainda necessitam se espiritualizar e se conectarem com a Fonte, se aproximando de sua essência e caminhando de forma mais harmônica neste plano.

Reikianos, temos muito trabalho pela frente, seja iniciando pessoas, seja aplicando esta energia para curá-las, ou até mesmo para simplesmente despertar a necessidade de se buscar algo neste sentido, apresentando o primeiro contato com esta energia para posteriormente procurarem pela iniciação.

O Reiki pode ser aplicado em qualquer ser vivo, ou seja, animais e plantas também se beneficiam com esta energia, mesmo porque, todos os seres vivos fazem parte da luz de Deus. É uma técnica fácil de ser aplicada nos animais e, mesmo que o animal seja bravo ou inquieto, a aplicação pode ser dada através do envio de energia à distância. Até objetos podem ser limpos com a energia Reiki, pois em seu campo magnético podem ficar – e ficam – impregnadas energias que são às vezes nocivas para nós.

É importante salientar que o Reiki tem um potencial inesgotável, e já ajudou muito, existindo histórias fantásticas de curas com sua prática, porém, vale ressaltar que ele não tira a importância da medicina tradicional, essencial em alguns casos, principalmente se falarmos de doenças em estado avançado e que já tenha atingido o corpo físico.

Experiências com aplicações de Reiki

Plantas e ambiente

A primeira vez que apliquei Reiki em outro ser vivo, sem ter sido em mim mesma, aconteceu aos oito anos de idade, em uma flor cor-de-rosa que não me recordo o nome da espécie e, assim como já dito anteriormente, foi uma experiência marcante e determinante em minha vida como reikiana, pois o resultado foi muito nítido e impressionante.

Morávamos em um apartamento luxuoso em Poços de Caldas/ MG, meu pai fazia festas sociais em casa com certa frequência, na qual recebíamos muita gente. Sabemos que ao receber pessoas, juntamente a elas vêm suas emoções, seus olhares, às vezes invejosos, mesmo sem maldade e sem a consciência do que é capaz com a força de seus pensamentos. Só sei que o descuido da energia do lar, causou desavenças entre meus pais e estávamos em um momento difícil. Acredito ter sido o pior momento de minha vida, pois minha família estava prestes a se separar.

Meu pai, na tentativa de por panos quentes, comprou uma flor para minha mãe e de um dia para o outro, a planta murchou quase que por completo, provavelmente porque absorveu a negatividade que naquela fase estava presente em nossa casa. Quando acordei e vi a planta naquela situação, fiquei assustada e triste, pois não sabia ainda desta capacidade das plantas em absorver e serem influenciadas por energias, mesmo porque eu era uma criança. No entanto, tive a ideia de energizar a flor com as minhas mãos, já que haviam me dito durante minha recente iniciação no Reiki que eu poderia curar através da imposição das mãos e isso era tudo o que eu sabia.

Meu pai nesta época ainda não era reikiano, e acredito que esta experiência possa o ter tocado de forma significativa, pois juntamente ao fato de ele ter percebido melhoras em mim e em minha irmã após a iniciação, foi ele a única pessoa que assistiu toda a cena com a planta, estando presente no antes, durante e depois da aplicação. Para minha surpresa e alegria, em questão de uma hora, a planta que estava muito debilitada ficou totalmente recuperada e durou por mais algum tempo.

Tive outras experiências com plantas e Reiki sendo que nestas vezes, ao ver uma planta em parte murcha ou debilitada, sentia que pediam para serem tocadas, solicitavam atenção. De fato, atendendo a estas percepções de chamados, com cinco minutos de aplicações de energia Reiki, elas apresentavam melhora e vitalidade significativa.

Agora por que aquela planta que meu pai deu a minha mãe murchou em um dia?

As plantas possuem a capacidade de absorver negatividade do ambiente. Por mais que seja triste ver uma planta morrer, foi uma forma que Deus nos deu de nos proteger, mantendo a nossa conexão com a natureza. A estrutura molecular da planta é mais sensível que a dos seres humanos e devido a isso, a planta atua como um para-raios, recebendo o primeiro impacto das vibrações negativas.

Algumas plantas, além de absorverem a negatividade, têm a capacidade de transmutar a energia negativa em positiva, como por exemplo, Arruda, Espada de São Jorge e Guiné.

Arruda   *Espada de São Jorge*   *Guiné*

Esta diferenciação entre as plantas ocorre por elas apresentarem diferentes níveis de sensibilidade e resistência às energias nocivas, ao ambiente e aos seres vivos. Cada planta tem uma capacidade máxima de absorção de negatividade e quando uma planta seca e morre é porque ela chegou ao limite desta capacidade, indicando a negatividade do ambiente.

Sabe-se que o Prana dos hindus, energia vital que nos alimenta e que nos da saúde – sinônimo de Mana para os polinésios, de Qi para os chineses ou de Ki para os japoneses –, é condensado pelas plantas, as quais absorvem somente o que necessitam emanando o restante ao ambiente. Por isso sempre é indicado ter plantas no interior da casa, no jardim e também onde se trabalha, para vitalizarmos constantemente o ambiente, protegendo e até mesmo curando as pessoas e absorvendo as negatividades. E por serem ricas em Prana, as plantas, principalmente as que têm uma alta capacidade de absorção e transmutação, são consequentemente indicadas para uso em defumações, servindo de poderosa fonte de limpeza de ambientes.

A manutenção da limpeza energética dos ambientes que usualmente frequentamos, principalmente a do nosso lar, é muito importante, e fica fácil perceber quando existem desequilíbrios e negatividades presentes, pois o local pesa, deixando as pessoas inquietas, incomodadas e por muitas vezes gerando desavenças aos que estejam ali presentes.

Podemos trabalhar a limpeza e reenergização de ambientes, diretamente com o Reiki e, para isso, cabe aqui relatar brevemente um episódio que me ocorreu.

Estava ministrando aulas de Reiki Nível I em Campinas-SP, e por ser um de meus primeiros cursos como Mestre de Reiki, ainda utilizava uma sala no condomínio onde minha mãe vive atualmente. Colei cartazes em todos os blocos de apartamentos e também no condomínio ao lado para divulgar o curso. Por fim, estavam eu e mais três alunos no dia do curso, compenetrados na explicação, quando toca o interfone na sala com a porteira informando que havia uma mulher querendo falar comigo. Questionando o motivo, me veio como resposta que ela queria me conhecer. Refleti rapidamente e, pensando poder ser alguém que queria fazer o curso e estava na dúvida, resolvi então que poderia fazer um intervalo de dez minutos e atendê-la. Desta forma ela foi autorizada a entrar no condomínio e me aguardar perto da piscina até que este intervalo ocorresse. Ingenuidade da minha parte, sempre achando no primeiro momento que as pessoas são boas (a vida nos mostra que precisamos vigiar sempre, assim como disse Jesus: "Orai e vigiai"), a mulher, uma senhora de aproximadamente 65 anos vestindo roupas claras, se dirigiu e invadiu diretamente a sala onde estávamos em curso, dizendo em tom invasivo: "– Estou atrapalhando? Atrapalho vocês?". Levantei-me rapidamente e fui de encontro a ela colocando-me entre a sua visão e a dos alunos, indiquei onde era a área da piscina e disse que em alguns minutos já iria atendê-la, que naquele momento ainda estávamos compenetrados em meio a um importante momento do curso. Mas, ela já havia conseguido nos atrapalhar, pois nos 10 minutos seguintes do curso, os alunos não estavam com a mesma ênfase e energia.

Quando fui então até a piscina para, no momento adequado dar a atenção a ela, eu fui surpreendida com um olhar agressivo, riso irônico e a frase "Sou mestre de Reiki também e queria somente conhecê-la". E não considerando o fato de eu, naquela época, já ter dezessete anos desde que fui iniciada no Reiki e que durante todo este tempo estive estudando e praticando esta técnica junto a meu pai, ela me veio com frases e questionamentos que colocavam a prova e em dúvida meus conhecimentos nesta área, além de me entregar seu cartão de visitas, no qual ficava incisivamente apontando as áreas na qual ela trabalhava. Fiquei muito séria e, apesar de em nenhum momento ter perdido o equilíbrio, consegui me manter serena e forte frente aquela situação e disse a ela:

– Sendo mestre de Reiki está ciente de que o que você está fazendo aqui é totalmente errado. Se queria me conhecer, por que não ligou e marcou um horário? Ou por que não veio em um momento fora de meu curso? Por que esperou o curso começar para aparecer, invadir?

Repeti estas perguntas olhando no fundo de seus olhos, pois ela simplesmente não respondia, apenas continuava com o sorriso irônico, certamente havia conseguido o que queria: ver a sala, os alunos e desarmonizar e atrapalhar o curso. Solicitei para que ela se retirasse para que pudesse dar continuidade ao curso.

Ficou claro que seu desejo era de desestabilizar e desequilibrar não apenas a mim, mas o ambiente de meu curso.

Já de volta a sala, os três alunos começaram a reclamar de dores de cabeça, o ambiente já se apresentava pesado e a primeira coisa a se fazer nestas situações de conflito, como sempre disse o Mestre

Johnny De´Carli é "Manter a calma! Mantendo a calma, metade do problema já está resolvido." A segunda coisa a fazer era limpar o ambiente, mesmo que o mesmo já havia sido limpo e energizado antes de iniciar o curso, estava necessitando novamente.

Por estar em meio ao curso não seria possível refazer uma defumação. Então passei um vídeo para os alunos como parte do conteúdo do curso e naquele momento aproveitei, enquanto eles estavam compenetrados nas imagens, para traçar os símbolos *Dai Koo Myo*, *Hon Sha Ze Sho Nem*, *Sei He Ki* e *Choku Rei*, imaginando os símbolos vibrando em cima de nossa sala e visualizando uma bola dourada envolvendo todos nós, falei o nome de cada um três vezes. Pedi para que estivéssemos protegidos de qualquer pensamento ou corrente negativa, pedindo a limpeza do ambiente e também para que nossos mestres de Luz ali presentes nos dessem toda a estrutura para o curso continuar bem, assim como para que os alunos ficassem protegidos.

Pois bem, logo ao término do vídeo, todos eles estavam animados com as informações visualizadas. Novamente se sentiam bem, com as dores de cabeça não mais presentes e tudo transcorreu de forma tranquila e com sucesso até o final, do curso.

Endereço magnético

Estes pensamentos que foram emitidos por esta senhora influenciaram o ambiente.

E como podemos explicar isso?

No livro *Mão de Luz*, de Barbara Ann Brennan, é citada uma teoria física chamada "Teoria da Complementaridade", a qual diz que partícula e onda se complementam e não se anulam, pois todas as partículas estão interligadas, formando ondas. Portanto se tudo está interligado e possui campo magnético, nós estamos mergulhados dentro de um espaço de energia.

Da mesma forma que traçamos um endereço para envio de Reiki à distância, traçamos também ao pensar em alguém e sentir alguma emoção. No livro, ela também mostra as auras de pessoas com emoções específicas e, quando uma pessoa envia um pensamento de raiva para outra, por exemplo, ela mostra como a energia realmente toma seu rumo ao destinatário.

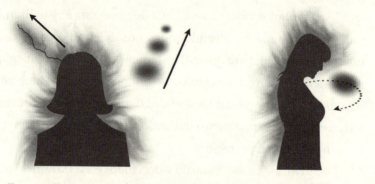

Figura 1. Demonstração da raiva sendo interiorizada e emitida para outros.
(Fonte: Livro Mãos de Luz, de Barbara Ann Brenan)

É importante ressaltar os efeitos que a energia envolvida com a raiva pode nos trazer e, para isso, observemos na figura 1 como ela é interiorizada ou enviada. Mesmo que a raiva seja enviada a alguém, ela se manifestará na aura do remetente.

A glândula Pineal identificará esta energia e levará as glândulas suprarrenais a liberarem adrenalina, atingindo todas as células do corpo da pessoa. Igualmente, os pensamentos dela sofrerão influências, atingindo suas emoções até por fim afetar o corpo físico.

Animais

Assim como já dito anteriormente, os animais também podem receber aplicações de Reiki e com isso se beneficiarem muito. Neste sentido, relato aqui algumas de minhas experiências práticas.

Bibi era uma pequena cachorrinha da raça poodle, toda vez que eu me autoaplicava Reiki, ela vinha e colocava as patinhas sobre as minhas pernas ou mesmo subia em meu colo, como se pedindo "faz em mim?".

Tratava-se de uma cachorrinha com tendências depressivas e era perceptível que se sentia melhor após as aplicações de Reiki.

Também quando Bibi ainda era viva, adotamos uma cachorrinha vira-lata chamada Lua que está comigo até os dias atuais. A Lua já não pede Reiki, mas foi iniciada no Nível I e cabe ressaltar que até antes da iniciação ela destruiu muitas portas, arranhando-as de medo de chuvaradas, trovões ou foguetes.

1. Chakra Base
2. Chakra Sacral
3. Chakra Abdominal Central
4. Chakra do Coração
5. Chakra da Garganta
6. Chakra da Fronte
7. Chakra da Coroa
8. Chakra Brachial

Figura 2. Demonstração dos chacras nos animais.
(Fonte: http://passarinhosnotelhado.blogspot.com.br)

Ela ainda continua com estes medos, porém já estão bem menores e ela consegue manter-se mais calma durante estes eventos. Atitudes como abertura excessiva da boca e respiração exageradamente ofegante em momentos que ficava desesperada com a mudança climáticas, foram ficando cada vez menos frequentes.

Sabe-se que os cães têm os sete chacras principais como os nossos e um oitavo chacra que se localiza acima dos ombros, chamado de Chacra Braquial ou Chacra Chave. Este chacra é tido como o principal centro de energia dos animais, aquele que interage animais e homens (alta interação entre animal e seu dono faz este chacra vibrar), além de ser o canal de acesso e energização dos demais chacras. Já os "bud chacras" (seis chacras em botão) estão localizados nas patas e base das orelhas dos animais e os conectam com a energia da Terra, tornando-os extremamente sensíveis às vibrações energéticas.

Baseado neste fato, podemos entender melhor o comportamento da cachorrinha Lua nos eventos citados de tempestades por exemplo.

Os animais, ao perceberem um foco de energia positiva, deitam-se sobre o local, absorvendo-a através dos chacras da raiz e solar. Estes chacras da raiz, solar e também da coroa, são abertos desde o nascimento do animal e permanecem assim até sua morte. Por outro lado os demais chacras dependem de estímulos e é por isso que alguns animais tendem a se esfregar nas pessoas ou paredes, exatamente por este motivo.

"Plantas e animais adoram
e respondem muito bem ao Reiki."

Objetos e Alimentos

Relembrando a "Teoria da Relatividade", tudo é energia. Matéria, é energia condensada, onde os elétrons perdem velocidade e os núcleos se unem. Assim, os objetos possuem seu campo magnético, "como se fosse à luz de uma vela", sendo possível, para algumas pessoas, enxergá-lo. Barbara Brennan descreve com detalhes e clareza esta incrível capacidade:

Com o avanço de meus estudos e dedicação prática ao tema, fui desenvolvendo e ampliando esta capacidade de enxergar o campo magnético, inclusive o de objetos. Sendo material e, portanto, possuindo campos magnéticos, tanto pessoas quanto objetos absorvem energia, seja ela positiva ou negativa.

É possível sentir nitidamente esta energia em alguns objetos, principalmente ao pegá-los nas mãos. Nas pedras e cristais podemos sentir a energia com mais facilidade, pois elas são tão duras, que seu campo magnético é bem estável, e ao utilizá-los, os cristais trazem o nosso campo para a vibração do campo deles.

Se ainda não teve esta experiência de percepção, tente pegar uma pedra que caiba na palma da sua mão fechada, oriunda de um local na natureza (mata, parque, sítio, fazenda, por exemplo) e também uma pedra proveniente de um comércio central (que esteja enfeitando um vaso ou jardim interno, por exemplo). Fechando os olhos e direcionando toda atenção para as pedras em suas mãos, será possível sentir as sensações e percepções advindas de cada uma delas, podendo perceber a diferença de vitalidade e energia presente.

Durante os sete meses de curso de mestrado de Reiki que participei com meu pai, eu aprendi as 21 técnicas japonesas de Reiki (técnicas estas publicadas em seu livro Reiki – Sistema Tradicional Japonês). Uma delas, a "Jaki-Kiri-Jhoka-Ho", é utilizada para limpar energias ruins, cortando ondas negativas fixadas há tempos, harmonizando e purificando objetos.

Quando assisti pela primeira vez a esta aula, eu, e muitos alunos presentes, usávamos óculos de grau, e o meu estava "mais torto que guidão de bicicleta antiga", o que me fez querer aplicar nele esta técnica. Para minha surpresa, após a prática, meu óculos estava quase perfeito, e não apenas o meu, mas também os dos demais alunos que usavam óculos, sentimos uma leveza ao colocá-los de volta no rosto. Foi realmente incrível a diferença que fez e inclusive demorei mais dois anos até ter que fazer novos óculos para mim.

Da mesma forma que objetos impregnam com negatividade, eles se energizam com positividades, e é por isso que é indicado aplicação de Reiki não só para limpeza de objetos, como também para energizá-los. Faz-se isso com frequência nos cristais utilizados em atendimentos, por exemplo.

Algo importante a se ressaltar é que objetos feitos artesanalmente tendem a ter uma boa energia, pois o artesão gosta do que faz, dedica seu tempo e coloca seu amor na confecção das peças.

Tenho esta percepção, pois a tempo criei modelos de marcadores de livros personalizados, simplesmente por querer um hobby novo e também para "depositar" minha energia na construção de algo que me desse prazer. Não tive professores para isso, tudo o que precisava fui descobrindo passo a passo e os aperfeiçoando ao longo do tempo.

Pude também neste processo de aprendizado e desenvolvimento, por muitas vezes, sentir a presença de mentores próximos a mim durante a confecção dos marcadores e mesmo durante a compra de material, ao encontrar lojas escondidas contendo exatamente o material que eu procurava.

No início os marcadores foram produzidos e dados de presente para minhas amigas e familiares, depois eles começaram a se acumular, dado ao aumento da produção, e eu precisei iniciar as vendas para que pudesse produzir mais. A partir de então, muitos alunos de meu pai passaram a comprar estes marcadores durante seus cursos.

O que percebi com clareza foi que quando previamente aplicava Reiki nos marcadores, as vendas aconteciam mais rapidamente.

Figura 3. Marcadores de livro que criei.

Assim como com os objetos descritos anteriormente, sabemos também que os alimentos pegam energia, mas de uma forma muito mais fácil de impregnação, tanto positiva, quanto negativa, pois eles são preparados através das mãos de pessoas.

Sabemos que a energia do nosso corpo sai principalmente através dos olhos, bocas e mãos, e quando cozinhamos, olhamos e mexemos no alimento. Já aconteceu de eu me servir de um prato bem colorido em um restaurante self service e, ao me alimentar, sentir de imediato que a comida não estava "caindo bem" em meu estômago. Resolvi então aplicar energia Reiki nela e, rapidamente, senti a vitalização do prato, podendo comê-lo sem ter nenhum tipo de indigestão.

Também com dedicação e prática é possível sentir a energia dos alimentos facilmente. Fica nítida a maior vitalidade dos vegetais

80 | Desenvolvendo seu Poder Pessoal

pouco processados em relação aos alimentos que, por exemplo, vão ao fogo e são temperados com condimentos industrializados. Quanto mais você aplicar Reiki em você e nas pessoas, animais ou plantas, mais vai desenvolver sua habilidade para sentir os campos magnéticos. Não crie expectativas, quando menos esperar vai perceber que desenvolveu uma nova habilidade. Algumas pessoas já nascem com esta capacidade, mas é uma minoria. Talentos podem ser inatos, mas as competências são desenvolvidas, e todos nós somos divinos e podemos nos desenvolver para esta sensibilidade através das mãos e até de nosso próprio corpo, é só querer e praticar.

Reiki e Ho'oponopono

Quando passamos a buscar o nosso próprio Eu, estudando qualquer religião ou técnica para desenvolver o autoconhecimento e/ou trabalhar nosso equilíbrio, se entrarmos em contato com mais de uma dessas áreas, perceberemos que existem diferentes formas de explicar a mesma coisa. O trabalho e busca do Eu leva ao mesmo lugar. Existem nomeações diferentes para as mesmas energias, diferentes processos com o mesmo objetivo. E este leque de opção de caminho é importante, pois cada pessoa se identifica com a busca de uma maneira, podendo escolher até mesmo por vários caminhos, complementando seu conhecimento.

No meu caso, iniciei com o Reiki aos 8 anos e me formei aos 22, mas desde muito pequena eu já era levada a centros espíritas de diferentes linhagens, estudei evangelho no lar, frequentei encontros de budismos da linhagem do Nitiren Daishonin, fui iniciada ao xamanismo, voltando a praticá-lo fortemente após o início do relacionamento com meu marido, mergulhei nos estudos e práticas do Ho'oponopono e ainda tenho uma grande paixão pelo tarô, principalmente de forma terapêutica.

Sendo assim, não pude deixar de perceber as repetidas vezes em que estava estudando uma área de conhecimento e fazia relação com outra. Inclusive já escrevi sobre um assunto deste tipo no meu livro *Ho'oponopono – Método de Autocura Havaiano*, quando falo sobre a nossa energia vital e a energia de Deus. E obviamente faço junções de conhecimento entre o Reiki e Ho'oponopono, duas áreas fortes que possuo conhecimento.

Muitos reikianos passam a utilizar o Ho'oponopono em suas aplicações em si mesmo ou em atendimentos e acabam percebendo o quanto o Ho'oponopono potencializa o fluxo energético do Reiki, além de auxiliar no fortalecimento da intenção e no foco do atendimento, e tudo isso intensifica o resultado da cura.

No tópico a seguir vamos entender como este processo acontece, clareando nossa visão ainda mais sobre estas técnicas e energias.

Ho'oponopono e Reiki nível 3-A.

Comecei a ensinar o Ho'oponopono nos cursos de Reiki de nível 3-A. Na linhagem que sigo do Reiki, dentro do Sistema Tradicional Japonês, separamos o nível 3 em dois módulos, para que pessoas que não tem interesse em iniciar novos reikianos, ou seja, serem mestres em Reiki, possam receber um símbolo poderoso ligado ao corpo espiritual. Portanto o nível 3-A é o nível que a pessoa se realiza como reikiana e recebe o símbolo Dai Koo Myo (pronunciamos daicomiô) e o nível 3-B, quando a pessoa recebe os símbolos necessários para iniciar pessoas no Reiki e se prepara para ser um Mestre em Reiki, se aprofundando nas técnicas e estudos.

Agora, por que eu ensino Ho'oponopono no nível 3-A e não o ensino no Nível 2?

É porque podemos entender qual a relação que existe entre o Ho'oponopono e o Reiki, particularmente mais forte, no nível 3-A.

82 | Desenvolvendo seu Poder Pessoal

Primeiramente observe este diagrama para poder se localizar durante o texto. Veja a mente inconsciente, consciente e superconsciente ligadas a Fonte Divina.

Diagrama I: Representação dos 3 Eus no estado do vácuo, do vazio

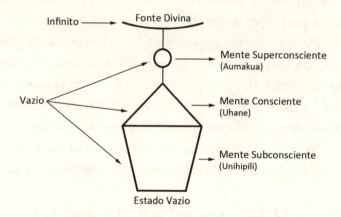

Agora se você não é reikiano, coloquei abaixo os quatro símbolos e uma explicação dos mesmos para que se familiarize com os símbolos do Reiki e entenda a forte conexão que farei entre as duas técnicas:

Dai Koo Myo *Hon Sha Ze Sho Nen* *Sei He Ki* *Choku Rei*

O Choku Rei é o primeiro símbolo que ensinamos no Reiki, e apesar de parecer simples, é fundamental para a aplicação de energia e proteção do reikiano. É o símbolo que mais utilizamos, por todas as suas funções, por sempre estar combinado aos outros símbolos que explicarei a seguir. Mas ele em si é independente, não depende de outro símbolo para funcionar. É um amplificador e ativador de energia, sendo o símbolo mais poderoso do grupo. Choku Rei significa "Energia Cósmica Universal aqui e agora" e tem o apelido de "interruptor da Luz", pois ele nos conecta diretamente a Energia Primordial Cósmica, trazendo energia de outros planos dimensionais para o mundo físico. O Choku Rei é o primeiro passo ao longo do caminho, é o estágio inicial. Além de nos ligar a Fonte, faz conexão com a Terra e o magnetismo do Planeta e está relacionado ao elemento terra. Este símbolo atua equilibrando o nosso primeiro corpo, o corpo físico e duplo etérico.

O Sei He Ki é o símbolo referente ao corpo emocional, ele atua atraindo as emoções negativas. Quando somado ao Choku Rei, atua transmutando as emoções inferiores, harmonizando-as. "Quando utilizamos o Sei He Ki, concentramos a energia no corpo emocional, que na maioria dos casos é a chave do sucesso da recuperação. Este fato se deve ao símbolo Sei He Ki nos ligar ao magnetismo da Lua e ao elemento água." O elemento água é referente ao chacra umbilical que é relacionado às emoções. Sabe-se que 90% das causas das doenças são de origem psicossomática e emoções como culpa, medo, insegurança, raiva, ódio, mágoa, solidão, pena, frustrações, depressão, crises nervosas, são extremamente nocivas à saúde, pois podem causar diferentes doenças no ser humano. Este símbolo harmoniza as emoções, diluindo os padrões negativos relacionados a qualquer conflito sensorial, seja de emoções ou de memórias; as nossas lembranças.

84 | Desenvolvendo seu Poder Pessoal

O Hon Sha Ze Sho Nen é o terceiro símbolo e é referente ao corpo mental, a nossa mente consciente. Esse símbolo está ligado à energia do Sol e ao elemento fogo, que emitem luz que se propaga a 300.000 km/s. Quando a energia entra na vibração do Hon Sha Ze Sho Nen e do corpo mental, ou seja, dos pensamentos, ela pode se propagar como a luz. A luz e o som estão na quarta dimensão, e de acordo com Albert Einstein, não tem tempo e espaço linear, portanto, este símbolo vai além da nossa compreensão lógica, pois, pode ser utilizado para enviar energia à distância, independente de onde o praticante e o receptor estiverem. Este símbolo nos ajuda a aplicar energia em animais e crianças agitadas, pois podemos enviar a energia à distância para eles, não precisando tocá-los diretamente.

O Dai Koo Myo é um símbolo mestre que potencializa todos os outros símbolos recebidos no nível 2 do Reiki, aumentando muito o fluxo energético que canalizamos pelo chacra coronário e aplicamos principalmente através da imposição de mãos. Dai Koo Myo pode ser chamado também de Mestre dos símbolos ou o símbolo da Realização. Esse símbolo significa "aumento de poder" e pode ser traduzido também como "nos levando de volta para Deus" ou "Deus (Grande Ser do Universo), brilhe sobre mim e seja meu amigo". Ele é essencial em todas as iniciações para fazer com que nos liguemos a Divindade e que nossas mãos estejam ligadas as mãos de Deus, e desta forma possamos atuar divinamente sobre outras pessoas. Este símbolo é ligado ao nosso corpo espiritual, ao nosso espírito, nossa alma, e por isso pode ser utilizado para nossa proteção pessoal, pois o vestimos etericamente e do nosso ambiente. Inclusive é essencial para proteção espiritual durante atendimentos, desde o terapeuta até o seu local de trabalho, pois você estará conectado ao seu "Eu superior", a manifestações no cliente durante o atendimento.

Vou transcrever uma explicação sobre o Dai Koo Myo que meu pai, o Mestre de Reiki Johnny De'Carli, escreveu em sua apostila de aula, para que você perceba ainda melhor aonde quero chegar:

"O Dai Koo Myo é o símbolo de tratamento e resgate da alma (corpo espiritual), visando à sua liberação dos ciclos reencarnatórios, conforme prega o Budismo. Torna a sessão muito mais poderosa, a ponto de sanar o mal que está na fonte superior, à causa primeira. Opera transformações profundas no receptor. Chegamos a presenciar verdadeiros milagres durante e após as sessões de Reiki. Segundo minha percepção, é uma das energias terapêuticas mais potentes de que dispomos no Planeta Terra e, sem dúvida alguma, uma das mais positivas."

"Nosso corpo espiritual tem uma sabedoria que ultrapassa em muito o intelecto médio. Esse corpo retém todo o conhecimento desde o início de sua criação e carrega a infinita sabedoria da Divindade. O Dai Koo Myo vai direto à energia Fonte, ligando a pessoa receptora a essa energia. Traz sabedoria ilimitada por meio da manifestação da Divindade sobre o plano físico. Sua utilização permite uma conexão imediata entre o 'Eu Físico' (finito) e o 'Eu Superior' (infinito). Logo, seu uso é indispensável durante os rituais de sintonização de novos reikianos. Coloca-nos em contato com energias de alta frequência, acelerando as partículas energéticas do nosso corpo e do campo vibracional a nossa volta, limpando de imediato todos os canais sutis que servem de condução à energia Reiki."

Agradeço ao meu pai pela bela explicação. Vamos então agora entender o que o Reiki tem a ver com o Ho'oponopono aproveitando todas estas informações.

Através da visualização da figura abaixo, você poderá compreender melhor a relação entre as duas técnicas:

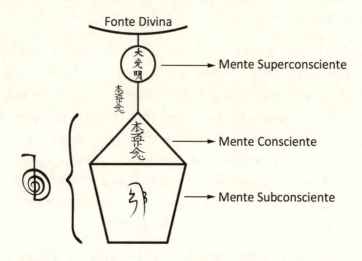

O Choku Rei, o primeiro símbolo que aprendemos no Reiki, é muito importante, porque é utilizado para ativar o fluxo energético, dar movimento as energias, transmutar e proteger o praticante e os ambientes. Para trabalhar mais profundamente ele é utilizado somado a outros símbolos, pois sozinho se refere ao corpo físico. Tanto que sua proteção é do corpo físico do praticante e do ambiente físico, ambos de uma forma energética. Então, coloco o Choku Rei referente às mentes conscientes e subconscientes que pertencem ao ser humano, apesar de a consciência estar fora do corpo, estas duas mentes estão entrelaçadas ao nosso corpo físico, e não presas a ele. Quando você decidir praticar o Ho'oponopono, sua mente consciente Uhane vai começar o processo, e você vai posicionar seu corpo físico para uma respiração e/ou meditação.

O Sei He Ki é o segundo símbolo, referente ao corpo emocional e aos aspectos inconscientes, portanto relacionado com a mente inconsciente Unihipili que é a mente que possui os registros das emoções, dos traumas, da mente reativa.

O Hon Sha Ze Sho Nen é o terceiro símbolo que tem mais de uma função. A primeira é tratar o corpo mental, como as doenças psiquiátricas, por exemplo, e a segunda função é enviar energia à distância, pois abre um portal para a quarta dimensão. Os pensamentos do corpo mental estão na quarta dimensão e fazem uma ponte entre nós e nosso "Eu Superior" e isso fica nítido entre a ligação de Uhane e Aumakua no diagrama.

No Ho'oponopono nós chamamos o "Eu Superior" de Aumakua, a nossa mente superconsciente que é ligada diretamente à Fonte, à divindade, que é o campo de todas as possibilidades, que tem toda a "Inteligência Divina". O "Eu Superior" (Aumakua no Ho'oponopono) carrega todas as informações da criação e também as informações particulares de cada ser humano, ou seja, o "Eu Superior" entende a criação, assim como possui toda memória e registro da vida ao longo das encarnações. E também está conectado aos "Eu Superiores" dos outros seres humanos, das pessoas da família, amigos, conhecidos, assim como você também está. Aumakua não está na mesma dimensão que nosso "Eu Cotidiano" (Uhane e Unihipili), e por isso consegue estar conectado diretamente a Fonte e também acessar informação do passado e do futuro, pois o tempo é algo da terceira dimensão em que vivemos.

Consegue perceber alguma semelhança entre as explicações? Vamos lá! O Dai Koo Myo do Reiki acessa o corpo vibracional espiritual, a nossa alma que é o Aumakua para o Ho'oponopono, o "Eu Superior". Na explicação de Johnny De´Carli, vemos que o nosso corpo espiritual (Aumakua) tem uma sabedoria que ultrapassa o intelecto médio, este chamado de Uhane no Ho'oponopono, e isso acontece devido ao corpo espiritual ou Aumakua estar ligado diretamente a Fonte, trazendo toda sua sabedoria de criação.

Devido a esta ligação, um reikiano que acessa o "Eu Superior" ou Aumakua, consegue aumentar em muito seu fluxo energético, aumentando seu poder. A energia fica tão mais potente que chega a apresentar milagres quando acessadas. Milagre é uma palavra já conhecida do Ho'oponopono, desde a história do Dr. Hew Len na cura da ala psiquiátrica de um hospital, a histórias de doença de pele, de inflamações e de muitos outros casos de pessoas que experimentaram o Ho'oponopono. Outra informação que podemos tirar deste texto de meu pai e relacionar com o Ho'oponopono é a ligação entre o "Eu Físico" (*finito*) e o "Eu Superior" (*infinito*) que mostra a união de Uhane e Unihipili com Aumakua.

Veja novamente a figura e perceba agora com melhor compreensão:

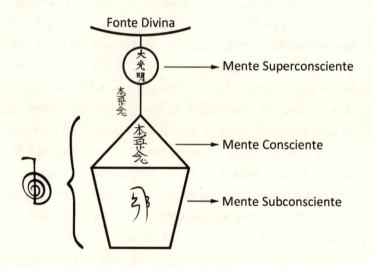

IV

Reiki e Ho'oponopono para bebês e crianças

SE VOCÊ JÁ TENTOU APLICAR REIKI EM UM BEBÊ ou em uma criança, pode ter percebido que não foi tão simples quanto imaginava. Encontrei algumas maneiras mais eficazes, dependendo do objetivo e do momento que você está. Se for simplesmente energizar seu filho, sobrinho ou alguma criança próxima, pode aproveitar enquanto estão dormindo, é um momento em que ambos estão tranquilos, você e a criança. Pode colocar uma música calma de fundo num volume baixo, fazer uma oração, traçar os símbolos e aplicar o Reiki. Se você não é a mãe, ou se é a mãe e está desequilibrada com alguma coisa mesmo que pequena, eu indico que faça o selamento de seus chacras para proteção da criança. Enquanto aplica o Reiki pode ficar repetindo o mantra do Ho'oponopono. Se a criança apresenta algum problema de saúde ou de comportamento pode utilizar: Sinto muito, me perdoe, eu te amo, sou grata. Se somente está energizando a criança, e ela não apresenta nenhum desequilíbrio pode repetir somente Te amo e Sou grata. Procure sentir a conexão do seu coração com a criança, a energia de amor que sai horizontalmente do seu chacra cardíaco e acaricia e alimenta a aura desta criança.

Reiki e amamentação

Se você é mãe e reikiana e amamenta seu filho, pode aproveitar o momento em que está amamentando para aplicar Reiki. Foi o momento que mais utilizei para energizar meu filho. Outra forma interessante que encontrei durante a amamentação foi segurar o bebê com um braço e a mão em formato de concha para aplicação de Reiki, enquanto a outra mão fica embaixo do seio que o bebê está mamando, e assim aplicar Reiki para energizar o leite que o alimenta. É muito interessante esta experiência e é muito agradável. A amamentação fortalece o laço entre mãe e filho, além do leite ser muito nutritivo e balanceado, é através dele que a mãe passa anticorpos para seu bebê. A gordura do leite auxilia na formação da bainha de mielina que faz parte dos axônios nos neurônios e ajuda na formação de novas sinapses no cérebro, e isso pode ser um motivo para você procurar amamentar seu filho por mais tempo. Durante a amamentação pode repetir o mantra do Ho'oponopono, pois suas palavras ecoam na mente automaticamente e para seu filho o natural é vibrar no amor e gratidão, a não ser que esteja diante de algum momento que queira se perdoar por algo que esteja sentindo e ao mesmo tempo estiver amamentando, por exemplo.

Aplicação à distância

E se você precisar aplicar Reiki para acalmar a criança, se ela está chorando, acordada, seja qual for o motivo, a melhor forma é fazer aplicação à distância. Para isso é importante que a criança esteja se sentindo acolhida, então se estiverem em duas pessoas, o ideal é uma pessoa ficar com a criança e a outra fazer a aplicação. Pode ficar no mesmo ambiente e olhando para a criança, imaginando a energia saindo das suas mãos e indo para ela ou visualizando a criança entre suas mãos, mesmo que esteja olhando para a criança. Se você estiver com dificuldade de se concentrar com o choro da criança, ou uma birra, recolha-se para a aplicação. Vá para um cômodo ao lado, faça uma oração, respiração para fortalecer ki (sempre), trace os símbolos e aplique. O Ho'oponopono pode ser utilizado pela pessoa que está aplicando e pela pessoa que está cuidando da criança simultaneamente.

Quando as mãos estão ocupadas

E por último, se estiver com a criança e ela encontrar-se nervosa, e você precisando fazer outra atividade como cozinhar ou limpar algo e não tem condições de enviar Reiki ou simplesmente não é reikiana, ainda tem uma saída. Em primeiro lugar manter a calma é essencial, sinta os batimentos de seu coração e sua respiração para sentir seu estado de espírito, respire algumas vezes profundamente se for preciso para se acalmar. Faça uma oração com toda sua fé e amor, peça a seus anjos que estejam ao seu lado, auxiliando no momento e então comece a repetir o mantra do Ho'oponopono, "Sinto muito, por favor, me perdoe, te amo e sou grata" e ao mesmo tempo respire profundamente ou o melhor que puder. Faça o que precisa fazer rapidamente e logo dê atenção para a criança. Claro que se ela estiver com fome, você precisa primeiro alimentá-la antes de terminar o que precisa fazer. Digo no caso dela já estar alimentada, sem sede, com fralda limpa e ainda estiver chorando porque quer companhia para brincar, quer colo ou algo que você não identificou.

"Quando estiver diante de um momento de tensão, procure manter a calma."

Quando a maternidade chegou

Minha experiência com bebês enriqueceu muito após o momento que eu engravidei. Assim que descobri a gravidez, tudo mudou! Cada pequena decisão a ser tomada era levado em consideração, desde a situação em que me encontrava até a geração de meu filho. Hoje sou uma pessoa melhor para poder educar e cuidar dele com todo meu amor.

A história da minha gravidez, desde a descoberta é bem interessante, tive experiências com Reiki, cartas e Ho'oponopono.

Nas férias de janeiro de 2013 tive muito contato com bebês da família do meu marido. Me sentia conectado a eles. Passei alguns dias com meus sobrinhos na época com um e três anos. Certa madrugada eu e Clayton enviamos Reiki para o mais novo que chorava há horas e em menos de cinco minutos ele adormeceu. Utilizamos a aplicação a distância, pois ele estava em outro quarto. Foi nossa primeira experiência com Reiki em bebês.

Um mês depois eu engravidei, recebi alguns sinais mas não acreditava, os planos eram para o ano seguinte. Um domingo após eu ministrar um curso de Reiki nível 2, meu marido abriu um oráculo que dizia que uma pessoa próxima a ele estava esperando um filho. Fiz o teste no dia seguinte e deu positivo, a partir disso tudo mudou.

Eu aplicava Reiki diariamente mesmo antes da gravidez, utilizando duas das 21 técnicas japonesas. Certo dia aplicando com uma delas, a *Hesso-Chyrio-Ho*, pude sentir o cordão umbilical claramente, o fluxo de energia que passava por ele, estava no fim do segundo mês de gravidez.

Apliquei Reiki diariamente na gravidez, afim de me manter equilibrada e energizar meu filho com intenção que ele tivesse uma boa formação.

Reiki e Ho'oponopono para bebês e crianças | 93

Ramatis explica que o útero é uma câmara de materialização e tudo o que a mãe sente fica registrado como memória no filho e eu acredito muito nisso. Se eu acredito no Ho'oponopono, se você acredita no Ho'oponopono, fica mais fácil entender o que Ramatis fala, pois se pensamento é energia, se existe vibração por tudo, se estamos mergulhados em um campo magnético, a vibração das emoções e pensamentos da mãe, além de toda sua memória já existente ficarão registrados no bebê. Além de energizá-lo eu pensava em sua formação, na maturação de suas células de maneira saudável. Aos nove meses o bebê ainda não está 100% pronto, seus pulmões ainda vão amadurecer, a válvula piloro que separa o esôfago e o estômago também e por isso muitos sofrem com refluxo. Aliás, o bebê sofre e os pais sofrem junto. Sem contar os ossos que demoram até os dois anos de idade para terminar de se formar e sua moleira se fecha 100% somente aos 12 anos.

Aceleração da maturação celular

De acordo com o que aprendi com Johnny De´Carli em experiências e pesquisas, o Reiki acelera a maturação celular. Visto que os bebês estão em formação corporal completa e em alta velocidade de mitoses e meioses, somado ao Reiki, este processo de formação fica ainda mais eficaz. Na dissertação de Mestrado em Medicina Veterinária de Ricardo Rodrigo Garé, intitulado: "Os efeitos do Reiki na evolução do granuloma induzido através da inoculação do BCG em hamster e do tumor ascítico de Ehrlich induzido em camundongos", Garé cita o estudo de Savieto e Silva (2004) o qual realizaram um trabalho onde foi pesquisado o efeito do toque terapêutico na cicatrização de lesões na pele de cobaias.

Só uma observação, como nada é por acaso, após ter levantado sua pesquisa para compartilhar aqui no livro, eu ainda não o conhecia, porém o encontrei fazendo curso de Mestrado de Reiki com meu pai. Garé diz que com sua consciência atual não utilizaria cobaias para provar os efeitos do Reiki. Mas explicando sua tese de mestrado, foi feita uma incisão reta de dois centímetros na região cervical dorsal de dois grupos de camundongos. Um dos grupos recebeu o toque terapêutico, no caso a energização através de imposição de mãos, enquanto o outro grupo de ratos dependeu apenas da cicatrização natural do organismo, sem o auxílio do toque terapêutico. Após 20 dias, 100% dos ratos do grupo que receberam o auxílio do toque terapêutico estavam cicatrizados completamente enquanto no outro grupo, apenas 60% dos ratos apresentaram a total cicatrização da incisão. Enquanto as primeiras cicatrizações totais do grupo controle ocorreram no 16º dia (50%), no grupo experimental (toque terapêutico) ocorreu no 12º (40%) e mais 30% no 16º dia, totalizando 70% em 16 dias contra 50% do grupo controle. Durante todo o tempo de colheita de resultados do experimento, o tamanho médio do grupo experimental se apresentava menor do que o grupo controle com cicatrização natural do organismo. Este é só um dos estudos que mostra a influência do Reiki na aceleração da maturação celular, por isso o Reiki é muito indicado na gravidez. Agora, o ideal é que a mãe aplique o Reiki no bebê, pois evita um contato energético de outra pessoa. Caso queira receber Reiki se você estiver grávida, deve escolher alguém que sinta muita afinidade, empatia e que tenha certeza que possua bons hábitos. Mesmo assim, eu ainda indico que a grávida seja iniciada no Reiki e aplique ela mesma a energia todos os dias, ao acordar e antes de dormir.

Geleia Real

Quando estava com quatro meses de gravidez, eu e meu marido compramos geleia real e guardamos no congelador um potinho pequeno. Meu marido tirava uma lasquinha de três gramas de geleia real todas as manhãs com um palitinho de plástico (não pode ser alumínio ou inox, somente plástico ou madeira) e colocava em minha boca enquanto eu ainda estava de jejum, assim a absorção seria melhor. Minha disposição melhorou, passei a acordar mais cedo e sabia que estava ingerindo todos os nutrientes que meu bebê precisava para se desenvolver saudavelmente. Eu acredito que a geleia real também ajudou meu filho a ter nascido tão bem desenvolvido, com os órgãos e músculos bem fortes. Não sei se é por isso ou pela genética, mas ele é maior que os bebês da idade dele, proporcional a crianças com pelo menos três meses a mais do que ele.

A geleia real é o alimento que as abelhas produzem para alimentar seus embriões até o terceiro dia e alimentar a abelha rainha por toda a sua existência. Uma abelha operária demora 21 dias para evoluir do estágio larva ao seu nascimento, é alimentada com grão de pólen, tem cerca de 2 centímetros e vive no máximo 60 dias. Os zangões nascem depois de 24 dias após a postura do ovo da rainha que não foi fecundado, é um pouco maior que a abelha operária, e é alimentado pelo pólen trazido pela operária, chega a viver 80 a 90 dias. A abelha rainha demora entre 15 e 16 dias para nascer de um ovo fecundado e passa a ser alimentada frequentemente com geleia real. Após cinco dias ela pode fazer voos de reconhecimento da colmeia e no nono dia pode fazer o voo nupcial, quando uma média de oito zangões vão fecundá-la. Ela volta à colmeia e pode chegar a viver cinco anos, sendo a única fêmea com capacidade reprodutora.

Então existem dois fatores que determinam as abelhas e suas funções, se ela vem de um ovo fecundado o que a levaria a ser uma fêmea ou, caso contrário, um zangão, e a partir daí define-se a sua alimentação. O que vai diferenciar uma abelha rainha da operária é somente o fato da rainha ser alimentada com geleia real enquanto a operária é alimentada por grão de pólen. Perceba a diferença, o ciclo de vida passa de 60 dias para uma média de quatro a cinco anos de vida!

Essa geleia é produzida por glândulas das abelhas operárias entre os quatro e quinze primeiros dias de vida e por isso a continuidade de sempre estarem nascendo operárias novas é essencial, pois este será o alimento da abelha rainha e dos zangões misturado ao mel.

Os benefícios da geleia real são inúmeros, ela é um estimulante biológico com ação energética e regeneradora do organismo. De acordo com pesquisas da Associação Paulista de Apicultores – APACAME, ao ingerir geleia real nota-se: a eliminação do cansaço físico e mental, normalização do apetite, ativação das funções cerebrais e também possui efeito antioxidante.

A Geléia Real é indicada para:

- Pacientes submetidos a tratamentos quimioterápicos.
- É revitalizante.
- Aumenta a capacidade física, intelectual e sexual.
- Prevenção do envelhecimento precoce.
- Anemia.
- Estados de convalescença.
- Auxiliar no combate a queda de cabelo.
- Doenças neurofísicas devido à idade.
- Auxilia no tratamento de problemas cardiovasculares e hepáticos.
- Reumatismo.
- Arteriosclerose.
- Esgotamento nervoso.
- Normalização do apetite e equilíbrio das funções gástricas.

Sua composição é muito rica e completa, se constituindo em média por 66% de água, 13% de carboidratos, 12% de proteínas, 5% de lipídeos, 3% de vitaminas, enzimas e coenzimas e 1% de sais minerais. Dos 22 aminoácidos encontrados na geleia real, destacam-se: leucina, lisina, valina, arginina, isoleucina e fenilalanina. Apresenta também os seguintes minerais, por ordem decrescente de quantidade: enxofre, magnésio, ferro, zinco, cobre, arsênico, lítio, cobalto, níquel, manganês e cromo. Dentre as vitaminas, ressaltam as seguintes: tiamina (vitamina B1), riboflavina (vitamina B2), piridoxina (vitamina B6), niacina, biotina (complexo B), inositol, ácido fólico, e pequenas doses das vitaminas C e D. Existem também outros componentes, como um fator antibacteriano, ativo contra as bactérias Escherichia coli e Salmonela, acetilcolina, grãos de pólen e hormônio gonadotrófico.

A geleia real é muito indicada para o consumo humano. Eu a ingeri durante três meses, o quinto, sexto e sétimo mês da minha gravidez, mas não precisa ser assim, você pode escolher o período.

A ingestão do mel é uma das práticas de purificação no Ho'oponopono, visto que esse produto tem a frequência de 7,5 hz que é a frequência da natureza, podemos ingeri-lo conscientemente direcionando para um propósito a ser purificado, para que ele nos traga para esta vibração, auxiliando na limpeza de memórias. Somado a isso, o mel possui os 22 aminoácidos e o 22 é um número mestre que está ligado ao símbolo *Hon Sha Ze Sho Nen* no Reiki. Este símbolo está ligado ao corpo mental. Você é capaz agora mesmo de se lembrar de uma história que o tenha deixado imensamente feliz na sua vida, no seu passado, assim como pode pensar em um desejo e se imaginar no futuro. O pensamento está na quarta dimensão, a dimensão espaço-tempo, onde podemos quebrar as barreiras do espaço e do tempo. O *Hon Sha Ze Sho Nen* faz a abertura de portais para a quarta dimensão e conseguimos enviar energia para passado, presente e futuro com ele. O número 22 é atemporal, então podemos fazer esta correlação entre Reiki e Ho'oponopono através dele que está no símbolo do Reiki e está no mel utilizado no Ho'oponopono. Mas claro que tudo depende da intenção que você coloca, pois desta forma utiliza do poder de algo e direciona a energia para um fim.

Final da gravidez

No final da gravidez diminui o ritmo das aplicações de Reiki, o que não deveria ter feito, pois estava ansiosa com o parto que se aproximava. Mas a própria ansiedade e cansaço me levaram a diminuir o ritmo da aplicação. Em alguns momentos que a gente mais precisa, é quando temos menos disposição para manter a disciplina de energizações e meditações. Nessa hora o apoio do marido é fundamental. E se ele for reikiano pode aplicar Reiki no bebê e na esposa também, colocando uma mão na barriga e a outra no coração da mãe, enviar a distância ou fazer a aplicação completa.

Fiquei ansiosa por conta do parto. A partir do momento que assisti a vídeos de cesarianas, eu acabei desistindo de passar por uma. Sem preconceitos, mas eu não queria passar pela cirurgia. Eu e minha irmã nascemos de cesárea e às vezes ela é realmente necessária. O ponto é que também passei a refletir sobre a capacidade da mulher, e de todos os animais fêmeas que faz parte da nossa natureza, de parir. A minha gata ficou prenhe durante a minha gravidez e ficava uma deitada para um lado e a outra para o outro na sala, tomávamos sol juntas, uma mais barriguda que a outra. Eu a olhava e pensava que se ela teria a capacidade de ter um parto normal, por que eu não teria? No final das contas, ela entrou em trabalho de parto no dia que eu gostaria que Lorenzo nascesse, mas quem era eu para decidir o dia que ele nasceria. Minha gata teve quatro filhotes, o primeiro morreu ao nascer. Por ela também ainda ser filhote, parou de crescer durante a gravidez e não conseguiu ter o parto natural, acabou fazendo cesárea e tendo três filhotes, caso contrário ela poderia ter morrido, e seus filhotes também. Mas ela me inspirou para que eu procurasse pelo parto natural.

Toda vez que alguém dizia estar grávida, eu nunca pensava que viria junto, no combo, o parto. No início dizia que faria uma cesárea, mas ao passar do tempo, o parto se tornava cada vez mais real e eu não estava confortável. Pensava: "Ok... cresceu, bem e agora tem que sair de alguma maneira". Eu não tenho problema em ver sangue, mas o ponto é que eu não lido muito bem com cortes, dilacerações. Nem cesárea e nem parto normal me deixavam tranquila. Com sete meses de gravidez, eu resolvi estudar os partos para ver qual seria a melhor opção para mim e descobri muita coisa.

Parto natural

Cada bebê se desenvolve no seu tempo, seja na barriga ou após o nascimento. Então quando a mãe entra em trabalho de parto, quer dizer que o bebê está pronto para nascer, que ele se desenvolveu o máximo que poderia dentro da barriga da mãe, salvo algumas exceções de parto prematuro. É importante respeitar o tempo do bebê, então mesmo que decidir por uma cesárea, o ideal é entrar em trabalho de parto e ir para o centro cirúrgico. Depois descobri que alguns bebês após o parto acabavam sofrendo de anemia, e uma coisa que pode evitar isso é pedir ao médico, ou a sua equipe, antes do parto, que esperem o cordão umbilical parar de pulsar antes de clampeá-lo e cortá-lo. Quando o bebê nasce, a mãe e o neném ainda estão ligados pelo cordão, devido a isso ele ainda recebe sangue através dele. O cordão pulsa, pois está passando sangue por ele, se é cortado antes de parar de pulsar, o

100 | *Desenvolvendo seu Poder Pessoal*

bebê pode deixar de receber cerca de 100 ml de sangue, o que é muito para um bebezinho de uma média de 3 kg. Boa parte dos médicos no Brasil não fica muito feliz quando a mãe decide pelo parto normal, pois a cesárea é muito mais fácil e mais rápida e eles podem marcar na agenda o horário, tendo controle da situação. Por conta disso, alguns médicos acabam usando desculpas para convencer a mãe, seja antes do parto ou no momento dele, quando a mãe não está numa situação muito boa para tomar decisões e o pai provavelmente nervoso. Uma das desculpas que os médicos usam é quando o cordão umbilical está enrolado na criança. Primeiro que o cordão tem uma composição gelatinosa que não se comprime, depois, o oxigênio passa por dentro do cordão chegando ao bebê pelo umbigo, portanto não tem problema se o cordão estiver ao redor da criança. Então isso não é argumento para que a mãe opte por uma cesárea. Se seu médico disser isso e você desejar um parto normal ou natural, o indicado é mudar de médico, ou ir para o hospital já com alguns centímetros de dilatação, e é muito mais seguro se tiver o auxílio de uma doula. É um momento importante para a mulher, mesmo porque ela revive o momento do parto, do nascimento da criança por um bom tempo, então é importante que se sinta satisfeita com o parto até para evitar uma depressão pós-parto. Nestes estudos também fiquei ciente do Crede, o colírio aplicado nos recém-nascidos para evitar que eles sejam contagiados pela gonorreia ou sífilis, doenças que não são mais frequentes, e que aplicam também nos bebes nascidos por cesáreas, onde o bebê não tem contato com a vagina da mãe. Este colírio causa irritação nos olhos do bebê, podendo levar a conjuntivite, sem contar que arde demais. Uma médica do grupo de estudos resolveu experimentar nela mesma e prometeu nunca mais utilizar este colírio em nenhum bebê, é algo que já foi importante no passado quando a sífilis e gonorreia eram doenças muito frequentes, mas que hoje podem ser feitos exames para ver se tem alguma doença e se não tiver, o colírio se torna desnecessário.

E enfim, optei por fazer o parto natural hospitalar. É como o parto normal, mas não se aplica anestesia, não faz episiotomia, que seria o corte no períneo e respeita as necessidades da grávida, se ela quer ficar de cócoras ou deitada, ela que escolhe. Optei por não ter o parto domiciliar, quis ter no hospital. Contratei uma obstetra especialista em partos naturais, e uma doula que estaria me acompanhando desde casa até o bebê nascer no hospital. Foram dezessete horas de trabalho de parto e foi bem sofrido não só pelo próprio parto em si, mas o bebê nasceu no único dia que a Maternidade de Campinas ficou com lista de espera de quartos particular em cem anos, o que impediu que meu marido ficasse junto comigo e aumentou a minha tensão e consequentemente a minha dor. Os médicos muitas vezes esperam o máximo de dilatação que podem esperar chegar, e assim fez a minha médica, o que no meu caso calhou em pelo menos três horas a mais de contrações muito fortes, porque eu travei em sete centímetros de dilatação e só ela poderia estourar minha bolsa... "Sinto muito, me perdoe, te amo e sou grata". Depois de 16 horas, dois vômitos, um desmaio, muita fraqueza, dor, ela chegou e me levou até a sala de cirurgia, mesmo que eu não fosse passar por uma, estourou a minha bolsa e em 45 minutos acabou o momento mais doído da minha vida e vivi o momento mais emocionante, lindo, milagroso e especial, a chegada do Lorenzo. Senti muita felicidade e agradecimento, naquele momento eu estava totalmente em estado de graça. Quando ele nasceu, a doutora o colocou em meu colo, eu o abracei e senti seus braços macios, ele olhou para cima bem dentro dos meus olhos e chorou muito alto. Meu marido nos abraçou, foi um momento muito nosso. As médicas esperaram o sangue que eu ainda passava para ele pelo cordão umbilical parar de fluir, até que o cordão parou de pulsar e a médica clampeou meu cordão e meu marido fez o corte, tornando Lorenzo e eu dois indivíduos. Depois de um parto difícil, meu filho nasceu com apgar 9-10, muito bem graças a Deus. Meu marido ficou ao lado do Lorenzo todo tempo em que ele foi levado para pesar, medir, aplicar a vitamina k e certificar que não receberia o colírio Crede. E sim, eu fiz Ho'oponopono durante o parto, não sei no que pode ter ajudado, mas só sei que fiz. Já Reiki durante o parto é praticamente impossível. Lorenzo recebeu Reiki nos seus primeiros dias de vida dos pais e do avô Johnny De´Carli, em sua visita ao hospital. Meu pai ao colocar ele no colo e aplicar Reiki disse que parecia um só chacra, a energia canalizada girava ao redor do bebê por inteiro e as mãos dele eram quase do tamanho do Lorenzo.

Cólica do bebê

Quando Lorenzo completou dois meses e meio vieram as cólicas, sempre no mesmo horário à noite. E ver aqueles olhinhos me olharem com uma dor desesperadora era realmente horrível. Eu e meu marido tentávamos de tudo, as massagens, bolsa de ervas quente, perninhas encolhidas no nosso colo, tudo o que pudesse aliviar. Era muito difícil fazer Reiki nesse momento, pois eu ficava com ele no colo se contorcendo. Tentamos o Reiki à distância, mas era difícil naquele momento se concentrar vendo ele com tanta dor. Alguns dias eu rezava ele com vela branca e ele acalmava e dormia. Um dia não funcionou e eu comecei a cantar para ele uma canção com as palavras do Ho'oponopono que inventei na hora, foi uma inspiração. No primeiro dia que cantei ninando Lorenzo, ele parou de gritar em menos de cinco minutos e adormeceu. Dia seguinte, no mesmo horário ele começou a sentir cólica, na hora eu comecei a cantar a música e niná-lo, em dez minutos ele adormeceu. Nunca mais ele teve cólicas, e nunca mais quero ver aquele olhar de sofrimento do meu filho. Foram quinze dias de cólica que cessaram com dois dias de Ho'oponopono. Escrevo a música a seguir:

Te amo e sou grata
Te amo e sou grata
Meu pequenino
Que Deus Confiou
Sua Vida na minha
Com muita alegria
Para ajudar
Seu caminho trilhar
Te amo e sou grata
Te amo e sou grata

} x 2

Além de estar ajudando o bebê com dor, a mãe está agradecendo a chegada de seu filho e tudo isso é muito mágico, pois a mãe canta com muita emoção. O afeto que a mãe sente pelo filho é o quanto ela consegue afetá-lo positivamente, quanto maior o amor que ela sente mais amor ela doa para ele neste momento. E sendo o amor a essência Divina, e a relação de mãe e filho e pai e filho, a maior relação de amor que existe, os pais conseguem curar seus filhos utilizando o poder do Ho'oponopono e de seu amor.

Engraçado que hoje encontrei uma colega de salão de beleza, nós nos conhecemos fazendo unha e somente nos vemos no salão, ela tem um bebê oito meses mais novo que Lorenzo, e um dia desesperada falava no salão, das cólicas de seu filho Felipe. Eu contei esta história do Lorenzo e perguntei se ela queria a música. Ela disse que sim, que já havia feito de tudo e nada resolvia nunca, que topava tentar, anotei em um papel e cantei para ela aprender a melodia. Dias depois nos encontramos novamente e perguntei se ela havia cantado a música. Ela disse que não lembrava a melodia, mas que cantou do jeito que saiu e que o bebê dela se acalmou e que não estava mais tendo cólicas. Bom, por enquanto somos as duas únicas mulheres que cantaram esta música para seus bebês com cólicas e funcionou, não é nada científico, mas acredito que vale experimentar se você passar por isso, ou vale passar para alguém que você saiba que está vivenciando esse problema. Você pode encontrar no meu canal do YouTube um vídeo chamado "Música de Ho'oponopono para acalmar bebês de Juliana De'Carli" para escutar a melodia.

Auxílio no sono com Karuna Reiki

Já tive outras experiências boas na qual acalmei meu filho com Karuna Reiki e foi muito eficaz. Para quem não sabe, Karuna Reiki é um complemento muito eficaz do Reiki, bastante difundido na América do Norte e Europa.

Apresentando nove eficientes símbolos que atuam inclusive nos corpos mais sutis do ser humano (corpos superiores da aura), é uma técnica de evolução espiritual através do afloramento do amor incondicional, da compaixão, humildade e tolerância. A técnica está disponível somente para reikianos devidamente sintonizados no Nível 3-A.

Todas as pessoas iniciadas no Karuna Reiki', em nosso Instituto, são devidamente registradas no "*The International Center for Reiki Training*", em Michigan – USA, tendo o certificado emitido pelo seu dirigente e desenvolvedor mestre William Lee Rand.

Quando meu filho fica agitado para dormir, eu aplico o símbolo Shanti do Karuna Reiki à distância e ele dorme em menos de cinco minutos, isso funcionou em todas as aplicações que fiz. Reiki,

Karuna Reiki e Ho'oponopono funcionam muito bem quando utilizados, já fiz o Lorenzo dormir muitas vezes com Shanti, ou somente com os símbolos do Reiki também. Mas o Shanti é nitidamente mais rápido e o sono fica mais profundo. Aliás, logo que vim morar com meu marido, um dia ele estava agitado para dormir e eu apliquei esta técnica para ele também, mas esqueci-me de avisá-lo. No dia seguinte ele acordou um pouco assustado, porque na noite anterior estava super aceso e de repente apagou. Ele olhou para mim e disse: "– Foi você, né?". Queria saber o que eu tinha feito, eu disse que apliquei um Reiki poderoso à distância para ele dormir. Esta era a explicação que meu pai sempre me dava quando enviava Karuna para mim, dizia que era um Reiki poderoso.

Símbolo Shanti

Limpando memórias no bebê

Algumas vezes Lorenzo teve crises de choro de repente, um choro desesperador, muito dramático, sua boca espumava e aquilo não era normal e sim preocupante. Meu pai e eu conversamos sobre isso e levantamos a possibilidade dele ter registrado alguma memória, então resolvi trabalhar Karuna Reiki e Ho'oponopono com ele. Utilizei o símbolo Zonar do Karuna Reiki e combinei o mantra do Zonar com o do Ho'oponopono. O Zonar trata energias ligadas a experiências dolorosas e traumatizantes que ficam armazenadas em nossos Registros Akáshicos e no nosso DNA, podendo influenciar nossos descendentes. As nossas células, sendo impregnadas de energias que apresentam memórias desarmonizadas, criam padrões energéticos desequilibrados que podem afetar na personalidade da pessoa e atrair

Símbolo Zonar

106 | *Desenvolvendo seu Poder Pessoal*

experiências desagradáveis em sua vida. Aplicando Zonar em meu filho, percebi que ele se acalmou dos choros desesperados. Claro que bebê chora se está com sono, fome, sede ou com dor, mas não chorou mais sem motivo e a boca nunca mais espumou.

E quando nada adiantar, o que fazer para acalmar o bebê?

No dia em que eu estava terminando de escrever este capítulo, meu filho teve uma crise de choro sem motivo. Após saciar todas as suas necessidades fisiológicas e de nada adiantar, fiquei observando a cena e o comportamento dele. Aquilo não era normal. Fiquei repetindo o mantra "Sinto muito, me perdoe, te amo e sou grata" em minha mente a fim de me dar uma solução. Dei banho nele ainda chorando, amamentei-o fazendo Reiki e ele adormeceu. Dia seguinte no mesmo horário ele começou a ter o mesmo comportamento, rezei ele com vela, melhorou, mas ainda estava manhoso, adormeceu comigo aplicando Reiki. Terceiro dia, e na mesma hora ele começa novamente a chorar, isso após jantar, beber suco, tomar banho chorando muito. Eu fiquei questionando tudo o que já havia experimentado, precisava de algo novo. Após o banho, apliquei Shanti e ele adormeceu em menos de um minuto. Isso não era nada novo, já havia feito várias vezes e não somente nele.

Quando foi às três horas da manhã ele acordou com aquele choro desesperador de novo, sem explicação, era a primeira madrugada que acordava destes três dias de crise. Pedi a meu marido que pegasse o Salmo 91 e que sentasse na cama junto de meu filho. Com nós três sentados e de mãos dadas, rezei o salmo 91 e meu filho adormeceu e não teve mais crise. O que aconteceu aqui, é que havia alguma presença espiritual na casa que não era bem vinda, não tinha boa vibração, e que chegou após uma viagem que fizemos. Então, quando nada funcionar, desconfie que possa ser isso e não somente uma carga energética em cima da criança. O salmo 91 é maravilhoso para afastar os maus espíritos e manter sua casa protegida. Ao rezá-lo, faça-o sentada, em pé ou ajoelhada, nunca deitada. Se puder, pode acender uma vela branca de sete dias para fortalecer a proteção.

"Vibrando gratidão você vibra em boa sintonia e se mantém numa freqüência positiva de acordo com o fluxo universal."

Eu Te Amo

V

Memórias e Infância

"Mas quando os filhos não têm mais necessidade dessa proteção, dessa assistência que lhes foi dada durante quinze a vinte anos, seu caráter real e individual reaparece em toda sua nudez: conservam-se bons, se eram fundamentalmente bons; mas sempre sobressaem as características que estavam ocultas na primeira infância."

Allan Kardec

EU TENHO REGISTROS EM MINHA MENTE desde quando ainda era uma criança de um ano e alguns meses. Tenho a sensação de me deitarem na cama para trocarem minha fralda e lembro que tinha uma delas que eu gostava mais, senão me engano era uma não descartável que tinha um botão branco e algum detalhe rosa. Acho que me sentia melhor com ela, mas não tenho mais memórias deste detalhe. Eu tinha um ano e oito meses quando a minha irmã Diana nasceu e meus pais davam a mamadeira para eu dar mama para ela. Lembro-me do ciúme que eu sentia, dela e das babás penteando seu cabelo, e eu sei que arremessei umas duas vezes a escova de cabelo pela janela. Elas pediram para eu não jogar mais, afinal, morávamos no 11º andar e poderia machucar alguém que estivesse passando lá embaixo. Depois disso não joguei mais. Este é um exemplo que tenho comigo, a claridade de entendimento de uma criança de dois anos, você só precisa explicar para ela claramente o que não deve fazer e o porquê, pois logo ela vai respeitar. Lembro-me de muitas coisas, meu pai tinha uma fazenda chamada Fazenda Juliana e como eu gostava de lá. Toda vez que meu pai saía a cavalo, eu chorava para ir junto, isso ainda com um ano. Ele dava uma volta comigo, me deixava com minha mãe e seguia sozinho. À medida que fui crescendo ele me levava para ver o gado, acredito que a partir dos dois anos. Lembro-me de um presente que eu e minha irmã ganhamos e que ao abrir a embalagem caiu uma peça pelo chão vazado debaixo da casa onde as vacas ficavam. E de comer goiaba no pé, de escutar a arara falar de manhã "Arara! Arara!", do Peru que ficava logo na entrada da fazenda perto da casa do caseiro, do curral de porcos cheio de porcas grandes. Meu pai uma vez mostrou dois porquinhos pequenos que haviam nascido e disse que estava dando os porquinhos para minha irmã e me levou para escolher um porco... quando entrei no curral perguntei aonde estava o meu filhotinho, ali só haviam porcos imensos! Não entendi porque ele deu os dois filhotes para ela ao invés de dar um para cada. A gente nem nunca tocou nos porcos, mas era só questão da divisão e palavras. E eu como irmã mais velha sei que fui ciumenta e sensível com qualquer coisa que mostrasse que o amor deles não era grande por mim como parecia antes, o ponto é que antes eu tinha exclusividade total. Lembro quando saímos de Manaus e fomos para Brasília para o batizado da Diana, eu tinha um ano e dez meses, brinquei de pega-pega com um menino que tinha o joelho para trás e ele ia dando cambalhotas para correr e me pegar. Minha mãe ficou pasma quando eu contei isso para ela aos meus vinte anos. Eu não sabia que era tão pequena naquela época, mas já estava vendo bem consciente os lugares que ia e se estava gostando ou não. Lembro-me de ter sensações naquela casa, a sensação que se sente ao entrar no lar de outra pessoa, que é diferente de estar em sua casa e de sentir a energia de lá, não sabia que era isso, mas hoje sei que o que senti era a vibração daquele lugar. Na escola gostava de brincar de pintar com tinta, recordo dos potinhos e do cheiro das tintas, lembro-me da aula de inglês que tinha uma apostila com histórias em quadrinhos que me atraia muito, mas eu não entendia nada obviamente. Tinha uma piscina olímpica onde eu fazia aulas de natação, e com cerca de três anos ou quase isso eu fazia aulas de dança. Em uma caminhada com a escola, levamos ursos de pelúcia, eu procurei minha irmã para dar um abraço e as professoras já pediram para eu voltar para minha turma, lembro-me de chorar e ir dormir no colchonete na sala e de ouvir as professoras falando de mim, não sei exatamente o que, mas elas estavam estressadas comigo. Um dia elas pediram para levar sucata para escola, eu tinha três tampinhas para fazer as rodas do meu carrinho, e quando fui pegar a última roda outra criança pegou primeiro e eu briguei. Não entendia como ela podia pegar a última tampinha e como poderia ser dela sendo que só faltava uma roda para o meu carrinho. Brinquei muito em casa com massinha, tinha uma madeira especial para isso que ficava embaixo da cama. Lembro que debaixo do dedinho do pé sentia uma dorzinha e um dia descobri que tinha um cortezinho. Não lembro quanto tempo depois, e nem quem me explicou, que eu tinha que secar debaixo dos dedinhos para evitar que cortasse, mas antes disso eu dependia que alguém secasse meus dedinhos por mim e compartilho para que você seque os dedinhos dos seus filhos.

Todas as minhas lembranças tem feito com que eu tenha vários cuidados com meu filho. Meu filho tem um ano e três meses agora e nós gostaríamos de colocá-lo na escola com o sistema Waldorf. Antes eu estava na dúvida se teria algum problema em ele aprender as letras e sílabas antes dos sete anos, pois eu sempre gostei de estudar. Mas este meu gosto se aguçou ainda mais depois dos oito

Desenvolvendo seu Poder Pessoal

anos quando eu estava lendo bem, antes eu tinha vontade de saber ler e entender as letras que via nas placas da rua. Aos cinco anos meu pai comprou cartilhas numas férias no Rio de Janeiro e eu tive que fazê-las sem muita vontade. Aos seis anos fiz teste para entrar na primeira série, pois eu era mais nova que a turma. Entrei, mas tive dificuldade de ler e escrever no primeiro semestre até que completei sete anos. A partir dos sete anos tudo fluiu, passei a me destacar entre os melhores alunos da sala. Com base nisso, eu acreditei na escola Waldorf e vi que podemos confiar no sistema deles em deixar os filhos aprenderem a escrever depois dos sete anos, até lá o desenvolvimento motor é o mais importante, e ao mesmo tempo estará formando seu corpo emocional, sua capacidade de resiliência na vida e produzindo e liberando muitos hormônios de felicidade no corpo do meu filho. Eu não fui às palestras em que eles explicam o processo de aprendizagem e etapas de evolução das crianças, então me baseei nas minhas lembranças para ter uma opinião.

"A criança absorve tudo o que vê, pois não tem resistência. Assim vai formando sua mente e suas crenças."

Memórias existem desde o primeiro momento

"Os espíritos apenas entram na vida corporal para se aperfeiçoar e melhorar; a fraqueza da idade infantil os torna flexíveis, acessíveis aos conselhos da experiência e dos que devem fazê-lo progredir. É então que podem reformar seu caráter e reprimir suas más tendências; este é o dever que Deus confiou a seus pais, missão sagrada pela qual terão que responder. Por isso a infância não é somente útil, necessária, indispensável, mas é ainda a consequência natural das Leis que Deus estabeleceu e que regem o Universo."

Allan Kardec

Toda esta memória da primeira infância nos mostra o quanto devemos tomar cuidado ao falar na frente das crianças, coisas que não são para a idade delas, mesmo que elas tenham um ou dois anos. Não devemos fazer nada na frente das crianças que não gostaríamos que elas fizessem ou que tenham como modelo para a vida. Como por exemplo, se um pai está com sua filha e paquera outra mulher na frente dela, pode deixá-la traumatizada, com traços de insegurança, ciúmes fortíssimos, ela talvez nunca descubra porque tem dificuldades com relacionamento. E se for com o filho, pode estar criando mais um homem infiel e infeliz em seus relacionamentos.

Também ressalto que podemos explicar os porquês de alguns pedidos nossos que têm fundamento e não simplesmente justificar que eles devam nos obedecer. Devemos respeitar nossos filhos como indivíduos, e assim eles sempre nos respeitarão e seguirão nossos ensinamentos.

As crianças nascem ingênuas, sensíveis e inocentes, para que desperte em seus pais puro amor por elas, uma vez que é necessário este sentimento de acolhimento. Os pais devem dedicar todo cuidado e amor que são necessários devido à sensibilidade e vulnerabilidade dos bebês. A inteligência é limitada enquanto não tem razão e todo sistema racional tem fundamento emocional. Então alimentar a criança de amor terá influência direta na sua razão, no seu bom senso. As crianças ainda não possuem sua consciência totalmente desenvolvida, o que acompanha o fato dos órgãos da inteligência ainda não estarem completamente formados. Ao decorrer do amadurecimento dos órgãos, os pais, que são encarregados pela sua educação, ganham tempo para obter impressões da criança, traços que elas trazem, e educá-la aos poucos, uma vez que elas vêm com um propósito de polir sua consciência e escolhem estes pais para esta missão.

114 | *Desenvolvendo seu Poder Pessoal*

A infância é uma preparação não somente física como também emocional, mental e espiritual para nossa vida. Somando a educação que temos na infância a dados que trazemos na nossa essência de outra existência, temos a base da nossa personalidade para toda uma vida. Por isso a infância se faz tão importante, um momento em que as sinapses estão se formando numa velocidade incrível. Concomitantemente a maturação dos órgãos, a criança vai formando a sua própria consciência através de uma relação com o contato externo e interno, como um bate e volta, obtendo compreensão do mundo quando tem a interiorização das informações. Logo que nascemos, mal enxergamos, vemos apenas o vulto da mãe, e esta será a primeira visão do bebê. Longe da mãe o bebê chora, pois acredita que eles são o mesmo ser. Quando não vê a mãe, se sente incompleto, pois ele só existe para si a partir da noção do outro, a mãe na maioria dos casos, que é a pessoa que o bebê vem tendo mais contato. A criança vai se formando através do contato com a mãe. Nós adultos também temos este processo de interiorização, mas na criança é tudo potencializado. Tudo o que ela vê, sente, cheira, experimenta, escuta, está se fixando na rede neural e fazendo parte de seu inconsciente. O processo de crescimento acontece através do contato com o outro, quando se tem uma percepção das diferenças, quando percebemos que existem formas diversas de pensamentos e nos avaliamos em pensamentos e ações. Quanto mais estímulo a criança tem, mais conexões neurais vão se formando, mais habilidades ela desenvolve e mais rápida toma posse da própria existência. Sendo assim, é muito importante dar amor e cuidado para a criança para que ela interiorize amor e segurança, se sentindo completa e não um vazio existencial.

Uma informação que nos leva ao Ho'oponopono, é que tudo passa a existir a partir do momento que você interioriza, compreende algo. Se a pessoa não tem consciência de algo, aquilo não representa nada para ela, como pode ser tudo para a vida de outro alguém. A partir disso podemos entender porque no Ho'oponopono curamos dentro da gente qualquer situação que nos seja apresentada, pois tudo existe dentro de nós.

Imagem corporal e Ho'oponopono

Existe um conceito chamado Imagem corporal que é formado por aspectos múltiplos, cognitivos, motores, sociais/culturais e afetivos. A imagem corporal é a imagem mental que você tem de si mesmo, como o seu corpo se apresenta para você. É uma imagem que vai sendo construída pela sua mente através do seu contato e interação com o meio, que tem muita ligação com o que falei a pouco sobre interiorizar informações e ir formando nossas memórias. Aqui é este mesmo processo que vai ser influenciado pelos valores culturais de uma nação, como por exemplo, as chinesas que apreciam pés pequenos e os amarram para não crescerem ou muitas mulheres no ocidente que valorizam o corpo violão e fazem dietas, treinos físicos e cirurgias para alcançar seus objetivos. Quais emoções relacionadas a estas questões, valorizadas na sua sociedade, podem surgir se você não apresentar estas características? Ansiedade, angústia, baixa autoestima, depressão? E os comportamentos, e a forma de você se colocar socialmente?

A imagem corporal está ligada a formação da nossa personalidade, mas não fica restringida somente ao corpo, mas também na forma de como você se sente no espaço físico e emocional, que basicamente é formada e influenciada pela exploração do seu próprio corpo ainda na infância. Desenvolver habilidades e aptidões motoras quando ainda bebê traz confiança, pois a criança vai dominando o seu corpo e vai trazendo sentimento de conquista, realização, confiança, vontade de evoluir ainda mais.

116 | *Desenvolvendo seu Poder Pessoal*

A teoria de Wilhelm Reich acredita que a unidade corpo-
-psique é essencial para a formação do ser humano, defendendo
que a atitude corporal interfere no processo de construção da
autonomia, libertação, consciência do indivíduo e ordem social.
E isso faz todo sentido. É só você se imaginar criança, sem nunca
ter subido numa cama elástica, por exemplo, e que tem a primeira
experiência antes de ver qualquer pessoa em cima de uma, sem
saber para o que serve. Se você nunca houvesse visto uma cama
elástica (ou trampolim acrobático) como saberia de sua existência?
No momento que você sobe na lona da cama, não sabe o que fazer,
pode ser que se sinta inseguro e se abaixe, ao sentir o material
emborrachado com capacidade elástica. Você sente a reação do
material no seu corpo que, de acordo com o movimento que faz,
tem uma resposta da cama elástica que muda o seu movimento
seguinte. Após cinco minutos brincando nesta cama elástica, você
sentirá uma intimidade maior com ela, um domínio maior dos
movimentos em cima dela e se depois, alguém falar para você de
cama elástica, irá visualizá-la em sua mente e uma próxima vez
que subir em uma, saberá exatamente o que fazer... pular! Foi
através deste contato corpóreo que absorveu o entendimento de
um material diferente do chão duro que machuca se você cair,
que compreendeu o que seria o objeto cama elástica e a sensação
de pular em uma. Como disse, é uma relação de bate e volta; uma
relação em que você se vê e toma conhecimento ao entendê-la
dentro de você. Ao vivenciar o que o novo objeto, no caso a cama
elástica, tem a lhe oferecer, que é pular e se divertir, você se liberta em cima deste objeto e dentro do seu próprio corpo, libera o
enrijecimento inicial. E assim acontece também com outras atividades físicas, elas permitem que a gente vivencie o nosso corpo,
liberando tensões, produzindo hormônios que trazem felicidade
e bem estar proporcionando também um corpo emocional mais

desenvolvido que reflete na nossa autonomia e libertação, ordem social, como Reich explicou.

Se você está se perguntando:

"Por que a Juliana De 'Carli está falando sobre relação corpo e mente e desenvolvimento das crianças no livro de Ho'oponopono?".

Bom, eu vou responder a esta pergunta. Lembrando a teoria da relatividade ($E=m.c^2$) e a teoria quântica de partículas atômicas e subatômicas, vemos que massa é energia condensada se $m= E/c^2$ e que então tudo está interligado. A matéria e a energia são energias em diferentes frequências e possuem uma continuidade entre uma e outra.

Assim como existe esta conexão, é importante percebermos outra visão em relação ao nosso corpo e mente, como já vem acontecendo também entre as crianças. É importante conectar o interior e o exterior, o sujeito e objeto, o consciente e inconsciente, fazer a relação do indivíduo e do seu contexto, do ser humano e da natureza. Existe relação do palpável com o não palpável, do visível com o não visível e como está tudo interligado, uma relação íntima entre corpo e consciência, corpo e sentimento. Portanto o processo de formação do ser após seu nascimento se inicia a partir do contato corpóreo e depois também pela psique. Este contato corpóreo inicial vai auxiliar fortemente na construção da psique e das memórias desta pessoa, de tal forma, que influenciarão o resto da sua existência e determinará se ela terá mais ou menos bloqueios para fazer limpeza, na qual utilizamos o Ho'oponopono. Muitas vezes você nem lembra como adquiriu algum dado, mas ele está guardado eu seu subconsciente.

Então, eu quero fazer você compreender a fundo o quão importante se faz a boa criação das crianças, a realização da sua reforma íntima, o cuidado com a sua criança interior, o processo de preparação de pais e educadores (se você for educar uma ou mais crianças, mesmo que agora sejam seus netos), ou até mesmo para entender a si próprio. É importante também, a valorização do trabalho corpóreo de maneira lúdica, esportes, brincadeiras, o cuidado com excesso de contato com jogos virtuais, em tablets e celulares, que desenvolvem somente o intelecto e nem sempre de forma saudável, – nos dias de hoje é importante esse contato com a internet, mas com limites. E finalmente, a importância da consciência da unicidade corpo-psique. Isso tudo a nível pessoal e social. O ponto é que o bebê quando nasce precisa se sentir acolhido, ele vem de um lugar apertadinho e de repente chega a um espaço aberto no qual vai se sentir solto e inseguro se não receber muito cuidado. Nascemos ainda muito conectados ao Todo, é como se tivéssemos um vazio dentro da gente que precisa ser preenchido de amor para viver nesta dimensão.

É muito importante alimentarmos nossa consciência de conhecimento e informação, pois isso nos ajuda a evoluir. A consciência permite que os sentimentos sejam reconhecidos e identificados. Lembro-me de uma vez logo no início das sessões de psicanálise com a Rosana, na qual ela disse que eu estava borbulhando em ansiedade. E eu perguntei: "Estou? Como é borbulhar em ansiedade?" E ela: "É da maneira que você está. Como você está se sentindo?". Eu mal sabia como o meu corpo estava. Eu mal sabia me conectar ao meu corpo e perceber quais eram as minhas sensações. Mas ela me fez olhar fortemente para dentro de mim. Isso porque eu era reikiana nível 3-A, já havia aplicado Reiki em várias pessoas desde criança e estava cursando a Faculdade de Educação Física da Unicamp. A Rosana diz que eu saí da Faculdade de Direito na Puc-Campinas e fui fazer Educação Física para encontrar o meu próprio corpo, para vivenciar o meu ser, me encontrar. E realmente foi durante os estudos na faculdade e na terapia com ela que eu desenvolvi muito a minha consciência e obtive parte das informações que aqui estou compartilhando com vocês neste capítulo.

Em uma conversa com um casal de amigos, o marido disse que quando ele está ansioso, pergunta a si mesmo o que foi que o deixou assim, mostrando a conexão da sua mente com o corpo, e nesse momento, a esposa diz que nunca parou para pensar nisso. Acredito que foi um momento e uma oportunidade importante para ela começar a refletir sobre isso. Pontuei este breve diálogo para vermos como pessoas tão próximas podem estar em momentos diferentes da sua própria busca e que um pode ajudar o outro. Tenho certeza que eles terão uma caminhada muito bacana pela frente ao qual eu desejo estar sempre acompanhando.

Já que citei aqui emoções e estado de espírito, gostaria de fazer uma colocação de Damásio em "O mistério da consciência" (2000) em que ele explica que "as emoções fazem parte dos mecanismos biorreguladores com os quais nascemos equipados, visando à sobrevivência". Ele diz que alegria, tristeza, raiva e medo são as emoções primárias ou universais, podemos senti-las ainda bebês e, ciúme, culpa, embaraço, orgulho e outras emoções, são secundárias ou sociais, nós as desenvolvemos a partir de uma convivência e noção do outro. Ele ainda diz que temos as emoções de fundo que seriam o bem-estar, mal-estar, calma ou tensão, impulsos, motivações, estados de dor ou prazer.

"Experimentamos e vivenciamos tudo na vida através do corpo. Devemos nos conectar com ele, pois ele que nos permite sentir e agir."

Maternidade e paternidade, símbolo de amor e responsabilidade

"Honrar pai e mãe"

A maternidade e a paternidade são de fato uma grande responsabilidade, e à medida que o planeta busca uma evolução de consciência, é importante ao decidir ter um filho, ou ao ter conhecimento de que terão um filho inesperado, que seja levada em consideração essa responsabilidade. Mudança de atitude dos educadores e pais, uma nova postura diante da vida e da educação, com valores éticos pessoais e sociais são imprescindíveis. A partir de uma integração das várias dimensões do ser humano, emocional, corporal e espiritual, é necessário que essa nova postura seja apreendida pelos educadores e pais para que possam passar a seus descendentes.

Quanto mais visão você alcançar na sua vida, mais visão vai conseguir passar a seus filhos. Se começar desde bebê fica mais fácil, pois a forma de lidar com a maternidade ou paternidade vai ser diferente, vocês ficarão atentos às necessidades da criança, com as fases e buscarão informações para saber lidar com cada etapa. E quanto mais conectado estiver consigo mesmo, mais seu instinto estará aguçado para esta relação. Se você educar bem seu filho na primeira infância, terá menos dor de cabeça no futuro. E quanto mais cedo adentrar na busca do autoconhecimento e se desenvolver, menos memórias negativas você somará em sua vida, menos dores, traumas, desvios de caminho, menos cargas para serem trabalhadas e transmutadas e menos peso será passado aos seus descendentes. Tendo menos coisas para limpar, fica muito fácil somar, crescer. E assim a maturidade do espírito é conquistada mais facilmente e com ela a paz interior e a alegria de viver.

VI

Ho'oponopono e a morte

"Durante a vida, o espírito se encontra preso ao corpo por seu envoltório semimaterial ou perispírito. A morte é apenas a destruição da matéria e não do espírito, que se separa do corpo quando nele cessa a vida orgânica. A observação demonstra que, no instante da morte, o desprendimento do perispírito não se completa subitamente; opera-se de forma gradual e com uma lentidão muito variável, conforme cada indivíduo. Para uns é bastante rápido e pode-se dizer que o momento da morte, é ao mesmo instante, o da libertação quase imediata. Mas, para outros, aqueles cuja vida foi extremamente material e sensual, o desprendimento é mais demorado podendo durar dias, semanas e até mesmo meses. Isso sem que haja no corpo a menor vitalidade nem a possibilidade de um retorno à vida, mas uma simples afinidade entre o corpo e o espírito, afinidade que se dá em razão da importância que, durante a vida, o espírito se identifica com a matéria, mais sofre ao se separar dela. Por outro lado, a atividade intelectual e moral, a elevação de pensamentos, operam um início do desprendimento, mesmo durante a vida no corpo, de tal forma que, quando a morte chega, o desprendimento é quase instantâneo."

Allan Kardec

122 | Desenvolvendo seu Poder Pessoal

A questão da morte é um assunto pouco falado, muitas vezes considerado até um tabu. Alguns, têm medo de morrer, outros de perder seus entes queridos. Mas não adianta fugir, um dia ela chegará para todos nós. A morte nada mais é do que a nossa ida para o mundo espiritual, é quando o nosso espírito se liberta da carne, que é uma energia densa, matéria, que muitas vezes nos limita. Se nos alimentarmos de conhecimento e entendimento, podemos aprender a lidar melhor com essa passagem. Nos casos de morte por doença, a transição pode ser mais tranquila ou mais sofrida, de acordo com as emoções da pessoa que está desencarnando.

Eu resolvi escrever sobre a morte após o falecimento do meu avô materno Manuel Pedro Hammes, que ocorreu durante o processo de produção desse livro, a primeira morte na família que eu realmente senti. Tive uma experiência com Ho'oponopono esclarecedora, que pode ser útil para você um dia, uma vez que todos nós em algum momento, vamos perder uma pessoa querida. O Ho'oponopono pode auxiliar a pessoa a fazer a transição com menos sofrimento. Até então, eu só havia perdido meus bisavós, com o quais convivi pouco, e alguns animais, estes me fizeram sofrer bastante. Uma das minhas cachorrinhas, a Bibi, eu pude ver seu perispírito brincando comigo algumas horas após a sua morte, como se nada tivesse acontecido.

Meu avô estava com pouco mais de oitenta e cinco anos, e já tinha um histórico bem rico em doenças na vida, minha tia dizia que ele era o Highlander. Cinco anos antes da sua morte, vovô recebeu alta do tratamento do câncer de intestino. Para que tivesse a cura 100% da doença era necessária uma cirurgia agressiva que retiraria parte de seu intestino, inclusive o reto e ânus e acarretaria na utilização daquelas bolsas externas para as fezes. O médico, com sua experiência, disse que os pacientes ficam muito depressivos utilizando estas bolsas e acabam falecendo rápido pela depressão. Meu avô viveu mais cinco anos com qualidade de vida muito melhor do que estaria se tivesse colocado a bolsa, ele teve uma sobrevida.

No início do ano, todos na família podiam perceber que sua vitalidade estava baixa, tinha pouca energia, sua aura estava sem brilho e bem retraída, seus músculos estavam enfraquecidos, suas pernas fracas não o permitiam andar sem muletas. Em fevereiro veio o resultado de mais um exame e descobrimos que ele estava com leucemia e que sua medula não funcionava mais. Desta forma ele não podia pegar nem um resfriado, pois não tinha mais glóbulos brancos, anticorpos. Nos últimos meses ele vinha tendo uns desmaios e não sentia disposição para caminhar, nem mesmo até o supermercado perto de sua casa. Mas estava levando a vida caseira que gostava, comendo bastante, assistindo TV, conversava perfeitamente bem, com muita sabedoria e sobre assuntos diversos, sempre gostou de ler o almanaque abril, livros, revistas e jornais e nos últimos anos estudava a bíblia diariamente, ele estava muito lúcido. Até que sua fraqueza acentuou ainda mais no fim de fevereiro e ele já não se levantava. Parte da família se reuniu no aniversário da minha avó dia 2 de março, tiraram uma fotografia, a última foto do meu avô em casa e com quase todos juntos. Infelizmente eu não pude ir. Três dias depois ele teve um sangramento e foi internado.

Eu mandava Reiki à distância para ele e minha avó. Assim que foi internado passei a enviar energia à distância para os dois, duas vezes por dia. Minha mãe levou o iPad para que pudéssemos ligar o Skype para ele ver o Lorenzo, seu bisneto que não poderia visitá-lo no CTI. Ele conversou com a gente, demonstrava cansaço.

Eu estava com um curso marcado em outro estado, troquei a passagem para o Rio de Janeiro e cheguei à casa deles no dia seguinte. Ao visitar meu avô, ele já não falava mais. A visita durava uma hora, e só podiam entrar três pessoas, nesse dia foram eu, minha mãe e minha avó. Quando cheguei, ele estava de olhos fechados e sem reação.

No passado, toda vez que eu e minha irmã dizíamos "oi vô" ele repetia "oi vô", parecia uma das coisas que mais gostava de ouvir. Pois então, cheguei perto do ouvido dele e disse: — Oi vô — ele virou o rosto bem devagarzinho e abriu os olhos pra mim, e naqueles olhos, onde a vida já se ia, pude ver um brilho de felicidade e um sorriso. Logo se virou e fechou os olhos novamente, fiquei feliz de poder estar com ele.

Ele estava mais no outro plano do que aqui, parecia já estar muito fora do corpo, mas ainda tinha um vínculo. Tinha momentos que ele estava mais para o lado de lá e não reagia, em outros, estava presente e se comunicava de alguma forma. Quando ele estava no corpo, já não conseguia falar as consoantes, saiam somente vogais. Eu consegui entender duas frases com seu esforço para falar e o meu para escutar, uma era que ele não conseguia falar e a outra era: — Para com isso Anita — dizia para minha vó quando ela falava bobagens. Ela estava triste por ele não abrir os olhos para ela. Mas eu fiquei feliz dele estar ali com a gente.

Eu não sabia como lidaria com tudo isso e comecei a estranhar não sentir tristeza. Sentia compaixão, minha alma estava compreendendo toda situação e tenho certeza de que tinham espíritos ali com a gente e que me auxiliaram com ele. Eu podia sentir, podia ver a sua transição e entendia que era um momento muito importante na vida dele, sua passagem para o plano espiritual, como um nascimento. E tudo isso vinha em sentimentos dentro de mim.

Como disse, houveram momentos que ele não respondia nem em vogais, que parecia estar mais para o lado espiritual do que aqui, ficavam em silêncio ele, minha avó e minha mãe. Então veio para mim que eu deveria conversar, que ele poderia me ouvir, lembrei dos casos de coma em que as pessoas ouviam o que seus parentes falavam, mesmo sem ter reação e comecei a falar com ele, contar do Lorenzo e do meu marido Clayton, e ele começou a fazer expressões mostrando que estava entendendo tudo. Minha mãe então começou a falar com ele, minha vó também. Até que o médico chegou para conversar com os parentes dos internados. O único paciente que o doutor não quis falar na presença foi o meu avô. O médico nos chamou a uns metros de distância. Minha mãe e minha avó não aceitavam o que o médico dizia, tentavam tirar alguma notícia boa das palavras dele, mas não existia. Ele repetia o estado do meu avô e dizia que devido a tudo isso ele podia dizer que o quadro dele era gravíssimo. E elas não aceitavam. Eu já tinha escutado tudo o que ele tinha a dizer e decidi ir falar com meu avô, pois ficou claro que seria uma das últimas visitas, não sabíamos por quanto tempo.

Neste momento ele estava sem reação e eu comecei a cantar o mantra do Ho'oponopono para ele. Sinto muito, me perdoe, eu te amo e sou grata. Eu disse: — Vô, isso é Ho'oponopono é com isto que eu trabalho. Este é o mantra que repetimos, não sei se o vô gostou de me ouvir cantando, quer que eu continue? — Ele fez que sim com a cabeça. Quando falei o primeiro sinto muito ele se emocionou, a boca dele mexeu como se ele quisesse chorar. Continuei a cantar, ao falar eu te amo ele fez novamente a mesma expressão de emoção, tremia a boca, na verdade eu nunca vi meu avô expressar-se tão emocionado assim na vida. E assistindo aquela cena eu já não consegui manter o tom da melodia, fiquei emocionada e minha voz começou a tremer. Estávamos só nós dois. Eu não queria que ele me escutasse chorando e resolvi parar de cantar. Respirei fundo, engoli o choro e comecei então a conversar com ele.

Eu disse: — Vô, eu tenho aplicado Reiki todos os dias no senhor— ele fez um sim com a cabeça. — Eu mando Reiki para o vô se sentir bem, para não sentir dor e ficar bem tranquilo — ele fez uma expressão de um sorriso eu continuei: — quando falo sobre o perdão, quero dizer que é para o vô se perdoar. Se existe alguma coisa que o vô se incomoda, que não esteja se sentindo bem,

126 | *Desenvolvendo seu Poder Pessoal*

se perdoa vô, se perdoa dentro de você. — A sensação era bem ao pé da letra, para meu avô se perdoar por dentro, perdoar a sua aura, as suas memórias. Nesta hora ele soltou o corpo na maca, como se estivesse tenso, e ficou relaxado de verdade. Continuei: — Gostaria muito que o vô ficasse bem tranquilo agora, com a consciência tranquila — ele deu um sorriso e balançou a cabeça umas três vezes de levinho, pois estava de olhos fechados e se comunicava ainda por expressões, esse sim significou muito! Logo minha mãe e avó voltaram. Conversaram um pouco com ele, que respondia por microexpressões e a seguir tivemos que ir embora. Nós três o beijamos e saímos. No outro dia entrou eu, minha tia e minha avó. Ele estava bem melhor, corado, falando um pouco, olhos abertos e ficou quase todo tempo da visita acordado. Apliquei Reiki nele, mostrei fotos e vídeo do Lorenzo e fomos embora.

No dia seguinte fui caminhar de manhã com uma amiga e na volta fui tomar banho para me preparar para a visita do dia. Durante o banho comecei a ouvir uma conversa num plano paralelo que inclusive questionava o meu pensamento. Dizia que eu fazia Ho'oponopono que é milagroso, mas que nem eu acreditava no milagre da cura. E que ele tinha vontade de retribuir toda a atenção e amor que minha avó lhe deu durante sua vida. Minha avó foi muito dedicada ao meu avô e estava cansada, já não tinha forças para carregá-lo. O outro espírito que conversava com ele neste diálogo disse que era possível sim a sua cura, que ele poderia viver mais, mas não teria condições de retribuir algo para minha avó, pois ele já estava muito debilitado fisicamente e que traria mais sofrimento e trabalho para a família e principalmente para ela.

Eu saí do banho, me arrumei, não estava entendendo bem aquilo tudo. Até que o telefone toca e minha tia fala para minha mãe que meu avô não tinha resistido e havia falecido. Ele teve duas paradas cardíacas, na primeira o entubaram e conseguiram ressuscitá-lo. Foi neste meio tempo, entre as paradas, que ouvi aquele diálogo, estavam conversando sobre a partida do meu avô. Eu só fui ter certeza quando minha vó leu pra mim, pelo telefone, uma carta psicografada escrita menos de 24 horas depois da morte dele, e que dizia tudo isso que eu tinha escutado e contado sobre sua chegada no outro plano. Minha bisavó, que falava na carta, disse que foi uma festa do outro lado a recepção do meu avô, mas que logo ele foi para um hospital espírita para curar o perispírito que estava muito debilitado pelas doenças que havia tido na Terra.

Eu não tinha total consciência do que havia feito, mas a ficha foi caindo dia após dia. O Reiki diário foi importante para auxiliar emocionalmente tanto o meu avô quanto a minha avó e as pessoas no velório. E o Ho'oponopono foi importante para que ele ficasse em paz consigo mesmo e se libertasse.

Nos capítulos anteriores falamos que o perdão liberta, lembram? Para mim até então, era uma libertação das emoções negativas que estão presas em nossa aura. Hoje, esta explicação ganhou mais um significado, um sentido expandido, pois além de libertar as emoções negativas, liberta o espírito do corpo.

E como isso se dá? As emoções negativas são energias densas que ainda não são matéria. Não é nem corpo físico, nem espírito, são nós energéticos que ficam presos na aura, e que vibram para o universo. Por estar num estado ainda não palpável, mas denso, ela prende o perispírito ao corpo físico e não permite que a pessoa fique com a mente tranquila e se desprenda, pois a ideia da memória repete-se em emoções e pensamentos e a pessoa, sentindo-se culpada ou querendo resgatar alguma coisa que percebeu que errou, acaba se prendendo no corpo. O apego dos parentes com que vai ou de quem fez a passagem com os que ficam, também formam cordões magnéticos que atrasam a partida, e a chamada "melhora da morte" auxilia nesta libertação.

128 | *Desenvolvendo seu Poder Pessoal*

Meu pai aplicou bastante Karuna Reiki nas pessoas no velório, emitia e vibrava o mantra baixinho do zonar. Eu apliquei um pouco. O enterro foi a parte mais difícil. A verdadeira despedida para mim foi neste momento, quando percebi que nunca mais veria o meu avô. O momento mais doloroso, toda aquela cena... O cemitério, chamado Jardim da Saudade, transmitia uma paz profunda, com um gramado grande, as montanhas e som dos pássaros...

A partir dali foi que eu realmente sofri. Demorei uns dias até retornar ao meu padrão normal, vivi o luto e isso é importante para realmente se despedir.

Percebi que quando a minha consciência focava no corpo do meu avô, que está ligado ao enterro, eu sofria muito mais e quando a minha consciência se ligava ao seu espírito, que é a verdadeira vida e que estava bem e liberto, tudo ficava melhor. É este espírito que tem continuidade, e não o corpo, que é limitado e se desfaz. Para quem não acredita que exista vida após a morte, o luto é muito mais difícil, e para quem acredita traz conforto, leveza e alegria mais rapidamente na vida que continua aqui.

Existem outras determinantes que podem prolongar o tempo do luto, a idade da pessoa que faleceu, como ela morreu, o quanto o enlutado terá que se reajustar após o falecimento do ente querido e sua religião ou conhecimento espiritual. Independente destes fatores, que fazem sim muita diferença na aceitação dos enlutados, é importante saber que você pode enviar amor para esta pessoa que partiu e que este amor pode ser importante para ela, principalmente se a pessoa fez a passagem de forma difícil, como se tivesse a vida interrompida bruscamente. Quando a morte é acidental e/ou violenta, quando não acontece pela extinção natural das forças vitais, os laços que unem o corpo ao perispírito são muito fortes, e o desprendimento completo demora mais.

Em um acidente onde centenas de pessoas morreram, eu e meu marido enviamos energia à distância aos parentes e amigos que sofriam com as mortes. Ao compartilharmos nossas sensações e percepções no final da aplicação, percebemos que eram as mesmas. Nossas mãos tiveram um fluxo muito forte de energia que não diminuiu em 25 minutos de aplicação à distância. A energia era de um formigamento forte, como se os raios energéticos fossem pontiagudos, fazendo com que sentíssemos não só nas palmas, mas também chegando o fluxo a passar para o dorso superior das mãos, mostrando toda dor que as pessoas estavam passando.

O formigamento forte e pontual nas mãos, se assemelhando a sensação de "furos", é como se raios de energia presentes nas auras daquelas pessoas, estivessem vibrando. Lembrei-me de uma figura apresentada no livro *Mãos de Luz* de Barbara Ann Brennan, quando referenciava o efeito áurico de uma mulher após a morte do pai.

Figura 4. Demonstração da aura de uma mulher que perde o pai.
(Fonte: Livro Fontes de Luz).

Sou Grata

VII

Dúvidas

Abaixo reuni algumas perguntas que recebo de alunos. Acredito que dentre elas, uma ou mais possa contribuir para você de alguma forma.

A sensação de ficar no vazio seria tentar não pensar? Respirar? Adiar o pensamento?

Ficar no vazio tem um objetivo de manter uma conexão com a Divindade, aproximando-se da própria essência e entrar em estado de inspiração. Desta forma pode-se ter uma resposta baseada numa inspiração e não em uma memória. Este processo pode ser muito rápido. Para isso nós precisamos acalmar os pensamentos, esvaziar a mente e para este fim utilizamos a respiração que está intimamente ligada ao nosso corpo mental. Através da nossa respiração podemos acalmar a mente e ir esvaziando-a de pensamentos. Se algum pensamento vier, o aceite e deixe-o ir. Não aceitá-lo, ou seja, dizer para si mesmo que não quer pensar nisso, poderia levá-lo a pensar ainda mais nele. Este vazio é o estado zero que o Joe Vitale fala. E uma maneira simples de conseguir acessá-lo é respirar calma e profundamente, repetir o mantra do Ho'oponopono por pelo menos cinco minutos e depois que você parar perceberá como estará com a mente tranquila e sem pensamentos. Sentirá o que é simplesmente ser, sentindo sua respiração e uma paz profunda interior.

Posso curar um carma?

Sim. Você tem três opções em relação ao carma. A primeira seria vivenciá-lo, seria pagar o carma, aceitar a condição que ele impõe. A segunda seria transmutá-lo, ou seja, torná-lo algo bom. No caso ao vivenciar um momento que pode estar o incomodando ou trazendo alguma dor, você pode se perguntar "O que a vida está querendo me mostrar com isso? O que posso aprender com este acontecimento?". Você sairá da situação com uma visão diferente e terá sentido menos dor do que se aceitasse viver a situação como vítima dela. Assim sofre menos e evoluí mais. Cada pessoa pode reagir diferente numa mesma situação, umas podem sofrer muito, o máximo que podem numa determinada ocasião, outras não se permitem balançar tanto, mantém-se mais equilibradas o que facilita na resolução do problema. A terceira é transcender o carma, neutralizando sua carga motivacional, entregando a Divindade e alcançando o estado de vazio. Você deixa de vivenciá-lo. Isso é o que o Ho'oponopono faz.

Muitas vezes eu entendo uma situação como oportunidade, mas não a agarro por crenças do tipo "calma, tudo no seu tempo, calma", ou muitos me dizem: "você é afobada". Então, como posso sentir a conspiração do Universo?

Se você perceber que alguma oportunidade se apresentou, já pode agradecer por tê-la percebido, pois muitos mal a enxergam. Mas nada adianta se você não agarrá-la e então fazer valer essa oportunidade. Lembre-se que esta chance não voltará, ela é única. Talvez você tenha outras oportunidades, mas não a mesma. Pergunte para si própria como se sentiria fazendo tal coisa ou vivendo tal situação e sinta no seu corpo a resposta. Se obtiver uma sensação favorável é uma resposta positiva, se sentir algum desconforto, pode não ser mesmo uma boa ideia. Outro ponto é ver se vão envolver mais pessoas na situação e se elas irão se beneficiar também, se por acaso alguém for se sair mal também não é uma boa ideia. Quando uma chance aparece em nossa vida cabe a você medir causas e consequências e decidir se vale a pena ou não, pois só você de fato vai viver aquela decisão. E privar-se de um sonho por outra pessoa, se realmente o valorizava, vai deixá-lo de ter vivido. Você pode praticar Hoʻoponopono quando acontecer uma situação destas e após se purificar, se ela continuar apresentando--se em sua mente, quer dizer que de fato é uma inspiração. O Dr. Hew Len purifica três vezes, se após a terceira vez a oportunidade ou ideia ainda se apresentar, ele a coloca em prática. Além disso, você pode buscar ajuda em técnicas energéticas que possam lhe dar alguma informação sobre a oportunidade, como cartas e oráculos.

Você fala sobre refletir sobre nosso próprio pensamento. E como podemos pensar sem culpa?

Quando você reflete sobre seu pensamento, é importante, em primeiro lugar, aceitá-lo, entender que é um ponto de vista rápido, baseado em suas memórias, na forma de viver que está acostumado automaticamente. Mas, ao longo do tempo, dos estudos e do autoconhecimento, pode ir analisando-os e percebendo se existem outras vertentes de pensamento sobre o mesmo tema, opiniões diferentes ou outras formas de agir que caberiam melhor no assunto em questão. Com esta aceitação e flexibilidade, poderá ir evoluindo, mudando sua forma de pensar gradativamente, pois nenhuma mudança é repentina.

Lembre-se de que nós não somos os nossos pensamentos, e sim vivenciamos eles e nossas sensações neste corpo, que é o instrumento que temos para estar na terceira dimensão. Desta forma, sabendo que não é seu pensamento, pode "sair" dele, e nas meditações, coloque-os dentro de nuvens que estão passando,

134 | *Desenvolvendo seu Poder Pessoal*

assim facilita o processo de esvaziar a mente e aproximar-se do estado "vazio". Com o tempo este processo de esvaziar a mente fica automático.

O pensamento é a base da criação e a partir dele sentimos e agimos, é importante ao aprender ou ao tomar consciência de algo novo, não se culpar pelo passado, pois estamos em evolução e devemos respeitar o nível de consciência em que nos encontramos quando agimos de forma que futuramente nos arrependeremos.

Pode o Ho'oponopono ser feito para prevenir as expectativas e ansiedades dos outros em relação a nós?

Quando você se perguntar se pode fazer Ho'oponopono para algo, é porque sentiu a necessidade de praticá-lo em alguma coisa que o incomodou, ou seja, é bom praticá-lo para o que desejar e principalmente para o que incomodar no seu íntimo. Os sentimentos que surgirem dentro de você, aproveite-os para purificá--los. Todo problema que vem à tona está lhe dando a chance de ser trabalhado. Defina o problema e pratique o Ho'oponopono da Identidade Própria (repetição do Sinto muito, Me perdoe, Eu te amo, Sou grato) em seguida, e para as sensações e sentimentos que este problema está lhe trazendo. Limpamos a parte do outro que está em nós a partir dos sentimentos e sensações que muitas vezes absorvemos ou simplesmente percebemos no outro.

E em relação as nossas próprias expectativas e ansiedades, podemos praticar Ho'oponopono?

Sim, pode praticá-lo. Quando se tem uma intenção de algo, é importante por atenção nas ações presentes, e manter um distanciamento do que deseja. Não é desistir de seu objetivo, mas desapegar dele. Assim não terá medo, expectativa, ansiedade e insegurança. Isso quer dizer que confia no verdadeiro Eu e na Divindade. Faz da incerteza sua aliada, colocando-as nas mãos do Criador e desta forma abre espaço para soluções e oportunidades surgirem.

Expectativa não é o mesmo que desejar? Por que não devemos sentir expectativas?

Não, não é a mesma coisa. Quando temos um desejo, estamos almejando algo para nossa satisfação. A expectativa é criada em cima dos nossos desejos e se a alimentarmos, reafirmamos o sentimento de falta daquilo que desejamos. E é o sentimento que temos que determina nossa realidade atual, ou seja, a expectativa cria ansiedade e fortalece o não possuir.

E então como desejar sem esperar que seja realizado?

Veja bem, não é esperar pela realização do desejo, é não criar expectativa em cima dele. Vou explicar esta diferença: Quando você cria expectativa, está esperando uma resposta, um resultado que já sabe o que é. Além de você afirmar a falta do que deseja e fortalecê-la, ainda possui uma ideia fixa nele, desta forma não abre espaço para que a divindade atue livremente. O poder Divino pode mostrar uma solução, caminho ou realização que não estava em sua mente. Sem contar que com a expectativa você impede que o Universo atue movimentando energias favoráveis a situação, pois já definiu o desejo e assim a resposta fica inflexível.

Almejar a realização de um desejo é saudável, acreditar nele, ter fé, é essencial, inclusive, nas meditações do Ho'oponopono, nós agradecemos como se já o tivesse obtido. Agora, além de orar é importante agir em direção ao desejo, tornando as condições favoráveis, mas mantendo uma distância dele. Não se apegando, não se cria expectativas, e a resposta pode vir de uma direção diferente da que estava esperando e muitas vezes melhor do que desejava, pois o Universo é sábio.

136 | Desenvolvendo seu Poder Pessoal

Quantas vezes ou por quanto tempo eu devo praticar o mantra para determinadas situações, até resolvê-la?

Esta é a pergunta mais frequente para os praticantes iniciantes. Não existe um número certo de vezes para repetir o mantra. Pode repetir muitas vezes seguidas em determinados momentos, ou em outros, você se interiorizar com seu sentimento e repeti-las para se libertar dos pensamentos ou sentimentos indesejados uma única vez (ou algumas vezes mais) bem devagar e sentindo as palavras. Depende muito de cada situação. Quando é um revés ou objetivo mais complexo, é importante elaborar a frase explicativa do problema e encontrar um momento de silêncio e quietude. Repita o mantra até sentir que a emoção ou sensação que você tem por dentro sobre determinado assunto desapareceu. Normalmente eu sinto uma sensação do quinto elemento, o éter que é o da conexão. Então você fala a frase uma vez e depois repete o mantra, esvazia sua mente, faz o contato com a Divindade através de seu "Eu Superior" e entrega o problema ao Universo em gratidão. Em um determinado momento, quando estiver em meditação, visualize-se com o seu desejo realizado e agradeça profundamente. Faça sempre que puder e sentir necessidade, não se prenda aos resultados, não crie expectativas, peça, acredite e se distancie ao mesmo tempo. Coloque energia no presente, mas se afaste das esperas e resultados. Não "sufoque" seu desejo. Também pode usar um japamala[2] de 108 contas para repetir o mantra, funciona muito bem, fique cerca de 10 minutos repetindo o mantra.

---

2. Japamala: (*Japa:* repetição, *Mala:* cordão ou colar) é um objeto antigo de devoção espiritual, conhecido também como rosário de orações no ocidente. É um artesanato muito utilizado para ajudar nas orações e mentalizações como marcador. Temos então duas correntes: uma espiritual, "Japa", e outra material, "Mala". Assim, as energias espirituais invocadas "Japa" energizam o "Mala".

Posso praticar Ho'oponopono para um paciente que está em sofrimento por alguma doença na qual eu acabo "absorvendo" o sofrimento dele?

Sim. Como disse antes, quando se perguntar se pode, é porque está sentindo a necessidade de fazer. Nós estamos todos dentro de um imenso campo quântico e absorvemos pensamentos, sentimentos, sensações de outras pessoas. Estamos todos interligados. Pode se fazer Ho'oponopono para suas sensações em relação às pessoas ou às sensações ou pensamentos que a pessoa faz com que sinta, com que aflore dentro de você. Por isso dizemos que limpamos em nós a parte do outro que está em nós.

Se uma pessoa faleceu? Como se liberar do sentimento de dó?

É importante aceitar os fatos como eles são. Não se sabe do carma das pessoas envolvidas. Também sabemos que existe vida após a morte e que esta é uma nova etapa na evolução do espírito e um ciclo que todos nós passamos. Pode utilizar da técnica para transcender o sentimento de pena e dó, assim poderá inclusive ajudar os parentes e o próprio espírito que se foi.

É importante lembrar que somos seres espirituais tendo uma experiência humana e, seres humanos tendo experiência espiritual, sendo assim, com a morte o espírito vai se libertar do corpo.

Como praticar Ho'oponopono para diminuir a raiva ou mal-estar que uma pessoa me faz sentir? No caso pratico para o sentimento de mal-estar?

Você pode utilizar a oração para cura de relacionamentos da Morrnah Simeona que está no final deste livro. Também pode repetir as frases do Ho'oponopono da Identidade Própria para os sentimentos que surgem ao ver ou pensar na pessoa.

138 | Desenvolvendo seu Poder Pessoal

Por que existem pessoas a qual não gostamos à primeira vista?

Existe a possibilidade desta pessoa que você nega num primeiro momento, possuir uma sombra parecida com a sua. No caso, se vocês possuem emoções negativas em comum, carregam um mesmo tipo de bloqueio que estará vibrando em um determinado chacra. Ao se depararem, os bloqueios em comum que estavam em estado latente se reconhecem e vibram fazendo com que vocês sintam desconforto. Outra possibilidade pode ser a de sentir alguma implicância com a pessoa por qualquer motivo que seja – fofoca ou um pré-julgamento no momento – nesse caso, você emitirá em seu campo quântico uma energia de repulsa ao outro que sentirá inconscientemente, e terá uma reação compatível, mesmo que não muito perceptível. A reação pode ser muito sutil, até mesmo em termos energéticos. Quando esta situação entre duas pessoas ocorre, muitas vezes cria-se uma memória em relação a elas em questões que podem ser transmutadas. Você pode experimentar se "desarmar" antes de encontrar uma pessoa que sente repulsa e verá que a interação de vocês será diferente. Se a memória estiver muito enraizada vai melhorando cada vez mais com a prática do Ho'oponopono e mudando seu padrão de pensamento em relação à pessoa.

Pode o Ho'oponopono ser feito junto a aplicação do Reiki ou Bioenergética mesmo sem saber exatamente o problema do outro, mas pelas sensações sentidas e percebidas?

Sim. Você pode ir repetindo o mantra em sua mente ou falando baixinho se achar que cabe no momento.

Quando surgem as ideias ou inspirações divinas e não as colocamos em prática no momento, podemos considerar que o "inconsciente" está nos boicotando?

Sim. Pode haver alguma memória que o bloqueie para agir. Você pode não se achar capaz ou determinar que não vá conseguir fazer determinada coisa, mas pode se utilizar de várias práticas para vencer esse bloqueio.

O que constitui a essência do Ho'oponopono?

Constitui em mudar o pensamento, transmutar as emoções dentro de você através da meditação e da oração e desta forma transformar sua realidade. O ponto chave é a responsabilidade do pensar ou evitar pensamentos limitantes. O Ho'oponopono ajuda a mudar a mente do pensador.

Uma das promessas do Ho'oponopono é a realização dos desejos que ainda não foram conquistados, sejam eles na vida afetiva, profissional ou até mesmo nas conquistas materiais. A promessa de suprir uma escassez.

Quando despertamos, reconhecemos que temos inconscientemente, e de forma distraída, contemplado a condição de escassez (de qualquer coisa em nossa vida). E através dessa conscientização nos entregamos, pelo simples fato de desconhecermos o motivo de como está acontecendo uma mudança para o melhor, ao sentimento da abundância que já é nossa, mas não se manifestava ainda. Essa ausência de manifestação se deve por estarmos desalinhados com a Fonte da Abundância em nós, e pelas crenças de que não temos oportunidades, não merecemos, somos incapazes, e assim por diante.

Esses são os padrões que tentam mudar, consertar a situação ruim, mas através desse esforço somente reforçam a circunstância, pois é a afirmação da escassez, de que falta algo – que essas memórias/programas acham que têm a solução para sanar. Pois esses "achismos" são passa tempos, distraindo a pessoa da conscientização de si própria.

A frase "A paz começa em você" é muito vista. Em qual momento sentimos que a paz começou em nós?

A paz não é uma condição que começa em determinado momento ou a partir de uma pessoa. Estas expressões não são a melhor forma de explicar esta busca pela paz. Na verdade a paz não começa, ela está dentro de nós e quanto mais nos conhecermos e nos aproximarmos de nossa essência, mais próximo da paz nós estaremos. Encontramos a paz do Eu em nós. Através da meditação podemos sentir esta paz e este é o verdadeiro Ser, o verdadeiro Eu, que está em sua essência.

Existem workshops em que o palestrante afirma "Você é 100% responsável por tudo que está a sua volta." Não só pelos seus próprios feitos, mas dos de outras pessoas também. Se algo aconteceu a você, a responsabilidade é sua. Se houve algum problema em algum lugar e você tomou conhecimento, a culpa também é sua. Muitos alunos contestavam e se revoltavam, mas a resposta que obtínhamos era que para o Ho'oponopono funcionar era necessário simplesmente aceitar. Como funciona isso? O que está no outro realmente está em mim?

Primeiramente gostaria de dizer que isso não é verdade. Se alguém cometeu um delito e você assistiu ao jornal, a responsabilidade não é sua. Se uma pessoa que você conhece rouba, não quer dizer que você é responsável por ela roubar. Vamos refletir sobre alguns pontos.

Relembrando os princípios do Ho'oponopono que falam de responsabilidade, encontramos:

- Sou 100% responsável por criar o meu universo físico do jeito que ele é.
- Sou 100% responsável por corrigir os pensamentos destrutivos que criam uma realidade enferma.

Outros princípios dizem que se você tem pensamentos de amor, atrairá uma realidade física repleta de amor e se tem pensamentos destrutivos, atrairá uma realidade física destrutiva.

O ponto chave é que atraímos o que pensamos, sabemos que existe a Lei da Atração.

O que está no outro e que também está em nós são memórias que julgam. As pessoas apresentam diferentes padrões de comportamento e vemos claramente que duas personalidades opostas não conseguem agir uma como a outra. Se uma pessoa é muito tímida, ela não encontrará em si a extroversão de um apresentador de TV ou de uma dançarina, por exemplo.

É necessário limpar o "EU" que julga. Julgamento não deixa de ser um pensamento negativo, e se pensou, pode atrair. A responsabilidade está em você purificar este comportamento julgador e também as emoções que esteja compartilhando com os problemas. O que você sentir sobre determinada situação terá a responsabilidade de purificar dentro de você, para não criar ainda mais situações similares a que viu. É como assistir as tragédias nos noticiários, as pessoas continuam criando realidades enfermas ao vibrar com elas.

É comum escutar que "você vê no outro o que carrega dentro de si". Qual a relação que podemos fazer quanto à responsabilidade com esta frase? Está correta esta afirmação?

A frase está correta, pois o que você está vendo no outro são julgamentos que existem de memórias que você possui. É difícil enxergar algo que não pertence a sua realidade. Este ditado é o famoso "Espelho", refletindo do outro alguma característica incrustada em você. Novamente este é um caso de julgamento, se fizer a limpeza deles, passa a ter uma experiência melhor, livre de sentimentos que possam prejudicar, explorar ou chatear você, colocando-o na posição de vítima.

142 | *Desenvolvendo seu Poder Pessoal*

Quer dizer então que os padrões de julgador atraem uma realidade de vítima?

Sim, mas também se pode dizer que a vítima tem um padrão julgador. São pessoas que possuem pensamentos negativos e atitudes autoderrotistas inconscientes, que já foram pré-determinados pelo seu próprio pensamento, levando a um resultado negativo. A vítima recebe do mundo externo a resposta do que emite a ele. Se acreditar que as pessoas não gostam dela, já age como se ninguém gostasse, se intimida.

E como é formada uma personalidade de vítima, pois muitas pessoas julgam, todas seriam vítimas?

Não necessariamente. A vítima se põe no lugar do coitado, acha que o mundo é injusto, que não é merecedor. Este padrão muito comum pode se enraizar a partir de uma situação real, na qual a pessoa foi alvo de circunstâncias infelizes, ou existiu a intervenção de terceiros. A partir daí entra em jogo a forma que vai interpretar e se comportar nas próximas ocasiões, podendo levar a cristalização da mentalidade de vítima e então respondendo as novas situações, sejam de obstáculos e divergências ou equívocos, de acordo com o contexto que viveu no passado. Desta forma vai-se enraizando os pensamentos distorcidos da mentalidade de vítima, condensando a personalidade neste círculo vicioso que atrairá cada vez mais situações negativas. A condição de vítima pode se instalar também quando os pais somente dão atenção à criança na doença ou durante o choro.

Fica nítido então, que ninguém é vítima, ninguém nasce vítima. A pessoa se torna ou está na condição de vítima a qual ela mesma se colocou, baseando-se em fatos ocorridos ao longo da vida que nada mais são do que memórias. Portanto, se a pessoa quiser sair

Dúvidas | *143*

desta realidade e tomar as rédeas de sua própria vida, ela precisa simplesmente fazer a limpeza destas memórias. É só querer. É um padrão muito fácil de mudar se a pessoa quiser mudar e muito difícil se não quiser, se achar mais fácil colocar a responsabilidade nas mãos de terceiros ou se acreditar incapaz para deixar de construir. E, para começar, a vítima deve assumir a responsabilidade por causar a maioria dos próprios problemas.

O que seria a lei da permissão? E o que ela tem a ver com o Ho'oponopono?

A lei da permissão é muito simples de explicar e de entender, mas nem sempre é fácil vivenciá-la, visto que existam desejos em jogo. Esta lei diz respeito a entregar para a consciência universal seus desejos em pensamentos e permitir que o Universo os manifeste por você, ou se facilitar o entendimento, entregar seus pensamentos ao Universo e fortalecê-los com o seu desejo. É simplesmente permitir que o Universo trabalhe a seu favor, sem a sua intervenção. Parece simples, mas a partir do momento que você tiver esperanças e expectativas, não está permitindo que o Universo atue livremente. Quanto mais esperar pelo desejo, mais tentará controlar e manipular os resultados, o que acaba por retardar a manifestação dos mesmos.

Esta lei está intimamente ligada ao Ho'oponopono, uma vez que nele primeiramente meditamos e oramos para limpar memórias, deixando o caminho livre para que haja conexão entre a pessoa e o Universo. A partir deste momento, entrega-se o pensamento fortalecido com o desejo à consciência universal e é importante que confiemos que o Universo é sábio e assim não tenhamos expectativas e não quereremos controlar os resultados.

144 | Desenvolvendo seu Poder Pessoal

Em seu curso você mencionou que devemos agir em direção aos nossos objetivos. No caso controlar e manipular os resultados, seriam formas de agir?

Não seria a mesma forma de agir que falo, porque controlar e manipular são ações racionais, a pessoa pensa muito no que faz e age de acordo com sua mente racional ou age com certa "sede ao pote". A pessoa quer direcionar o resultado e por isso, diz que pode retardar a solução que o Universo tem guardado para ela. É importante sim agir, mas no momento certo, com cautela, de acordo com o fluxo da vida e com a intuição. O controlar pode não ser somente em ação prática, pode ser simplesmente muita expectativa em pensamento, o que sufoca o desejo e interfere na manifestação universal. Por exemplo, você possui um desejo, pensou nele, pensamento é energia, possui cor, forma e lugar no espaço, sendo assim, você o lançou ao Universo, mas não ficou tentando encontrar sua resposta rapidamente, procurando soluções, independente se for uma resposta ou uma situação. De repente surge naturalmente uma oportunidade que você esperava, pois ela entrou em sintonia com seu desejo. A partir do momento que a oportunidade surge você deve agir para agarrá-la e efetivá-la. De acordo com Deepak Chopra, isso tem muito a ver com a lei do mínimo esforço, na qual você tem um desejo e estando conectado com a fonte, vivendo de acordo com as leis divinas, seus desejos chegam naturalmente a você sem muito trabalho e esforço. Agora se a oportunidade não surgiu, pode-se entender de duas formas: uma, é que ainda não é o momento certo para ela, a outra é que você deve tentar com seu próprio esforço, colocando energia e foco no seu objetivo para conquistá-lo. Às vezes, quando aceitamos que não é o momento, a expectativa que se tinha desaparece, e o Universo consegue atuar. É o caso das inúmeras tentativas de engravidar de várias mulheres, que a partir do momento em que param de pensar nisso, a oportunidade chega a suas vidas naturalmente e elas se veem grávidas de repente.

Existe cura para defeitos físicos no Ho'oponopono?

Na verdade no Ho'oponopono não buscamos diretamente um resultado. Buscamos limpar sentimentos, nos casos relativos a defeitos físicos, devemos limpar os sentimentos que temos em relação a eles, abrindo mão de expectativas de resultados. E a partir deste desapego, você pode se livrar de algo que o incomode. Esta mudança se dará na sua forma de enxergar o problema. Se a sua opinião em relação a ele mudar, pode ser que deixe de ser um problema, pois você faz a sua realidade. O que é verdade para você, pode não ser para outra pessoa numa mesma situação. Além disso, você pode, ao neutralizar a parte negativa com a doença – estando o caminho livre em conexão com o Universo –, colocar o seu desejo e acreditar nele, ou seja, ter fé que o Universo encontrará a melhor resposta para seu problema, mesmo sendo físico.

Por que o perdão é importante?

O perdão é o caminho para a liberdade das emoções, das energias que estão condensadas e bloqueando o caminho da vida da pessoa em diferentes aspectos. Se a emoção está bloqueando, é porque ela está ativa na vida da pessoa, os assuntos em questão machucam, ou seja, ela está presa ao passado. Através do perdão pode libertar-se do passado e a vida fica mais leve, com mais qualidade e aberta a boas experiências. Se você não liberta estas emoções e as transmuta com o amor, este sentimento continuará vibrando informações para o Universo. Além disso, o perdão é o caminho para o amor.

146 | *Desenvolvendo seu Poder Pessoal*

Então o perdão e o amor tem uma conexão forte, correto?

Sim, muito forte. Devemos amar ao próximo como a nós mesmos, mas antes devemos perdoá-los como nos perdoaríamos. Devemos nos perdoar de nossos erros e dos de outras pessoas também. Se errarmos é porque não temos total consciência da atitude. Adquirindo uma visão e expansão de consciência elevada, a pessoa passa a agir de outra forma, com mais sabedoria, partindo do conhecimento adquirido com estudos ou experiências. Por isso não se prenda aos erros passados, eles fizeram parte do seu aprendizado. O que você é hoje, em parte é devido aos erros e acertos que teve, e assim obteve sabedoria. Portanto é importante se perdoar, para conseguir se libertar do que já não adiciona mais, deixando somente o aprendizado. É importante se perdoar também para aprender a se amar de verdade. Desta forma a pessoa passa a se respeitar, a se honrar e agir cada vez mais de acordo com as leis espirituais. Agindo com as leis espirituais, a vida vai ganhando um ritmo natural de evolução, a pessoa passa a viver no fluxo da sua vida e vai tendo abundância de diferentes formas. Claro que é importante sempre estar atento aos pensamentos, sentimentos e atitudes para não decair, mas a partir do despertar da pessoa, em que ela tem consciência da sua essência, ela estará atenta aos seus passos.

Como diz Osho, "O amor não é uma relação entre duas pessoas, é um estado de espírito dentro de si mesmo".

É possível sumir um cisto com Ho'oponopono?

Sim, é possível. Assim como é possível sumir um tumor. Tudo depende da determinação e fé das pessoas envolvidas nas orações. De qualquer forma, volto a repetir, se praticar e ter fé, o Universo trará o melhor resultado para você neste momento. Para haver mudança no resultado é preciso ter mudança na conduta, então se continuar agindo como antes, pode voltar a ter o mesmo problema. Mas eu já vi sumir um tumor no cérebro de uma pessoa com Ho'oponopono em um mês. Outra coisa que pode auxiliar nestes processos de cura física é a alimentação natural, procurar um terapeuta de medicina chinesa para lhe orientar neste caso e muitos outros de doença física é uma excelente escolha.

O que quer dizer com o melhor resultado que o Universo trará neste momento?

Pode ser que você se cure, pode ser que não. Pode ser que além da cura ainda consiga algo a mais. Tudo tem seu momento, um motivo, o tempo certo. Então confie na Divindade, coloque em suas mãos e ore, repetindo os mantras e agradeça. Às vezes você pode não entender alguma resposta, ou achar que queria de outro jeito, mas ao passar do tempo verá que foi o melhor para você. Aceite o que lhe for concedido.

O motivo a que se refere tem a ver com carma?

Sim. Pode haver um carma para a pessoa ou para a família, podendo passar por alguma situação para haver um crescimento ou simplesmente para resgatar algo.

E para esta situação, também é só repetir o mantra?

Para qualquer situação você pode simplesmente repetir o mantra. Peça limpeza para sua Divindade interior através das frases "Sinto muito, me perdoe, eu te amo, sou grata", em cima de todo sentimento que for surgindo e dos que não surgirem também, o que vier a sua mente é o que precisa ser limpo. É importante também modificar padrões de pensamentos que atraem coisas negativas na sua vida, romper paradigmas, conceitos errôneos que você pode ter solidificado. A partir do momento que você mudar seu padrão de pensamento, melhorar seu padrão vibratório, se perdoar e perdoar o outro, estando com amor dentro de você pela vida, sua e de todos, tudo se transforma.

148 | *Desenvolvendo seu Poder Pessoal*

O Ho'oponopono pode ajudar nos casos de ciúmes?

Sim e muito. Ciúmes é um sentimento inferior que é gerado a partir de um pensamento. Este pensamento normalmente acontece de forma natural, quase que automática, pois vem de um padrão, de uma memória da pessoa. Esta memória pode ter se instalado desde o ventre materno, pode ter sido trazida como traço de personalidade de outra vida ou adquirida durante a vida atual da pessoa, em relacionamentos, com os pais ou com parceiros. Quando a pessoa quer fazer Ho'oponopono para este traço, normalmente chega a ser um ciúme doentio, pois chega a incomodar, deixando de ser o que chamamos de "ciúme saudável". O processo todo começa a cada nova situação, e no momento que ele brotar, deve ir sendo trabalhado. Aos poucos o padrão começa a mudar. Primeiro a pessoa vai aprendendo a lidar com o sentimento, depois vai deixando de sentir ciúmes em situações que normalmente sentiria, até chegar num ponto que transcende o ciúme dentro dela. Não que nunca mais sinta, mas chega ao ciúme saudável.

Como posso mudar alguém?

Só se pode mudar alguém, mudando a si mesmo. Você trabalha o outro através do seu Eu. Perceba que é você que atrai as pessoas para sua vida. É você que atrai os seus relacionamentos, seja amoroso, de trabalho, com amigos, ou meio social. Pense em alguém que o esteja incomodando, que você tenha reclamações a fazer, repare nestas queixas e perceba o quanto daquilo você mesmo já não praticou em algum momento da sua vida. Principalmente em situações que agora a outra pessoa está. Exemplo, você como empregado fazia algo e depois como patrão teve ou tem um empregado que faz o mesmo. Perceba, em algum grau terá alguma semelhança. Não adianta demitir a pessoa, não irá melhorar. Você tem que mudar este traço e logo a pessoa mudará também, ou sairá da sua vida, pois vocês não estarão em sintonia. Este é o ponto primordial do Ho'oponopono da identidade própria, trabalhar em você aquilo que o incomoda no outro, ou o que é pedido ou apresentado pelo outro.

O Ho'oponopono pode ser utilizado para ansiedade que se desconta na alimentação?

Sim. Qualquer coisa que você se pergunte se pode aplicar a técnica, mostra que existe uma vontade de limpar tal memória, seja pensamento, sentimento, ações passadas ou presentes, etc. Sendo assim, aplique o Ho'oponopono. Se pensar em usar a técnica para algo, ao invés de gastar energia com dúvidas, utilize-a imediatamente com a prática.

No caso da ansiedade que é descontada na comida, prattique o Ho' oponopono diretamente no problema que a incomoda. Lembrando que é importante também agir, colocar um limite ao se alimentar. Procurar mastigar mais e saborear o alimento, sentir o toque do alimento na língua, respirar mais enquanto mastiga.

A respiração *Ha* (método de acumulação de Energia Vital) também é muito interessante no caso da ansiedade, pois respirar mais profundamente pode aliviar o estresse. Isso vai levá-la para um momento de relaxamento por 5 minutos diários, que vai fazer muita diferença na sua vida.

Após a respiração *Ha*, se tiver tempo para fazer a conexão entre terra e céu, imaginando a raiz que aterra você ao centro do Planeta, passa por você e chega a um ponto no Universo, perceberá o transcender do ego, sentirá simplesmente o ser e o estado de tranquilidade e a não ansiedade daquele momento. Tudo isso pode ajudá-la.

150 | *Desenvolvendo seu Poder Pessoal*

Dor de garganta frequente está relacionada ao ego?

Pode ser que sim, como pode ser que não. No caso, o desequilíbrio do chacra laríngeo e a baixa imunidade que está relacionada também aos chacras cardíacos e do plexo solar, levam a frequente dor de garganta.

É importante buscar o equilíbrio energético, assim como o alinhamento dos chacras. A autoaplicação de Reiki é essencial, principalmente para aqueles que aplicam Reiki. O fato de aplicar energia e atender a outras pessoas pode aumentar o desequilíbrio energético se você não se mantiver energizada constantemente. Lembre-se sempre ao prestar atendimento, de buscar o estado alfa, estar em relaxamento para não trazer impurezas, energias negativas que vai liberar das pessoas, para você. E procure também proteger-se de outras formas, utilize cristais na sala de limpeza, uma turmalina negra no bolso, atenda sempre que possível descalço e faça as proteções mentais e com símbolos do Reiki.

Por quanto tempo devo fazer o mantra para um problema específico?

Esta é uma das grandes dúvidas para os praticantes de Ho'oponopono, pois a resposta não é visualizada realmente no momento pós-prática e por isso traz esta questão muitas vezes.

Cada problema terá seu tempo. Se for um pensamento, sentimento ou sensação que o praticante teve, ele pode vir a sentir alívio ou se desconectar do problema logo após a prática. Quanto ao sentimento que veio devido algum acontecimento que mexeu com o emocional deste praticante, é importante que ele faça a técnica para não manter nenhum bloqueio energético que possa vibrar e atrair mais problemas.

Caso tenha algum problema mais grave como dificuldades financeiras ou em algum relacionamento, exigirá uma maior demanda de prática. No momento que estiver praticando, faça até sentir vontade, enquanto fluir, seja natural e não faça por obrigação, não nade contra a maré. Uma dica é praticar até o momento em que você acreditar que o problema foi resolvido. Quando é um problema mais grave, o ideal é praticar alguns dias seguidos, se possível no mesmo horário e local, e se não puder, faça como for possível, o melhor é sempre praticar. Você pode determinar 7 dias de Ho'oponopono para determinado problema e depois aguardar, fica a seu critério.

Sendo um problema mais simples ou mais grave, o importante é sempre lembrar-se de entregar o problema para a Fonte, para Deus. Isso mostra a sua fé e a sua conexão vertical, sua conexão com a Fonte. Faz parte da entrega, do terceiro estágio do despertar que o Joe Vitale ensina: A rendição.

Não queira controlar o resultado. Ao passar de um tempo que não é determinado por nós, você terá sinais apontando o resultado da sua prática.

O importante é sempre perdoar e vibrar no amor. Assim estamos numa frequência superior a qualquer sentimento negativo ou problema.

Explique mellhor o que quer dizer com sintonia.

De acordo com o dicionário online de português, sintonia significa: "s.f. Estado de dois sistemas suscetíveis de emitir e receber oscilações radioelétricas da mesma frequência". E tem como sinônimo: acordo, harmonia, concordância e entendimento. Quando digo que um bloqueio energético pode entrar em sintonia com algum acontecimento que tem em essência alguma energia similar, quero dizer que os lados possuem uma concordância, uma harmonia entre si. Podem possuir um comprimento de onda similar que permitem este acordo.

Entendo que as memórias existentes atraem outras memórias por sintonia. Estou certo?

Este comentário que um aluno escreveu está correto. É a Lei da Atração atuando. Além disso, podemos ter outro entendimento deste comentário. Uma memória pode levar a pessoa a agir de certa forma que lhe traga mais problemas. Um novo problema pode lhe trazer uma nova memória. Não necessariamente as duas memórias precisam ser iguais, mas elas se identificam, tem sintonia entre elas, existe uma ligação. Existem estudos na cientologia sobre este assunto. Imagine uma hierarquia entre estas memórias. Se você trabalha a memória debaixo, mais recente, transmutando-a, pode lembrar com mais facilidade de outra memória mais antiga que está relacionada a ela e, ao trazê-la a nível consciente, pode também transmutá-la. Se você consegue trabalhar e transmutar uma memória bem mais antiga, que possui raízes abaixo de novas memórias que foram se formando a partir dela, consegue desconectar estas memórias das raízes, desativando-as da sua aura e adquirindo uma mente mais limpa, empobrecendo sua mente reativa (pensa e age a partir de memórias) e fortalecendo sua mente analítica (mente mais racional e sábia).

Exemplo figurativo: memórias =

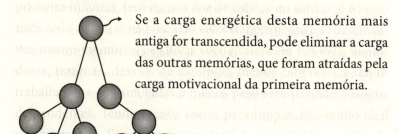

Se a carga energética desta memória mais antiga for transcendida, pode eliminar a carga das outras memórias, que foram atraídas pela carga motivacional da primeira memória.

Dúvidas | 153

Consigo olhar a pessoa no agora, sem utilizar a memória do passado quando não julgo?

Depende. Pois você pode estar no momento presente sendo influenciado por memórias. Mesmo que não esteja julgando, ainda pode haver memórias. É importante praticar o Ho'oponopono para qualquer memória que tenha com a pessoa. A oração de Morrnah Simeona é indicada para este caso, para que desta forma purifique qualquer que seja o bloqueio energético existente entre você e a pessoa em questão. No momento presente, poderá sentir mudanças nas suas ações e também na da pessoa, assim como nas suas auras. O não julgar é importante sempre para que você não faça escolhas ou ações erradas, ou não crie ideias equivocadas sobre a pessoa.

Qual a diferença entre passe e Reiki?

No passe existe um auxílio espiritual para que a pessoa canalize energia. Quem dá o passe é instruído e preparado energeticamente para isso. A prática do passe é feita nos centros espíritas. O Reiki é uma técnica japonesa que pode ser praticada em diversos locais, desde que você esteja com as mãos livres, lúcido e podendo se concentrar na canalização de energia. No Reiki adquire-se a capacidade de canalizar energia por uma iniciação que programa a glândula pineal que contém cristal de apatita. Os reikianos conseguem canalizar energia para os diferentes corpos, ou seja, consegue direcionar energia diferentemente das outras técnicas de energização.

154 | *Desenvolvendo seu Poder Pessoal*

Magoei uma pessoa há um ano e meio, pedi desculpas e a 6 meses faço Ho'oponopono. Mas sinto que não funcionou. Fiz algo errado?

Você pediu desculpas antes ou depois de praticar Ho'oponopono? Já se perdoou por tê-la magoado? É importante na prática, acreditar na transmutação do bloqueio, entregar o problema a Fonte e não emitir medo da não aceitação para a pessoa, pois agindo assim, é esta resposta que terá. Se não funcionou, pode ser que seu inconsciente esteja emitindo alguma informação. Antes de qualquer coisa é preciso perdoar dentro de você. Se por acaso estiver totalmente resolvido com esta história, sem mágoas, sem medos, sem culpas e vibrando no amor e no perdão e mesmo assim a pessoa não lhe tratar bem, é importante entender que ela está numa vibração diferente, num nível de consciência distinta e que tem o momento dela de aprender tudo isso. Faz parte da evolução. O importante é o perdoar dentro de você, manter a sua paz interior, a Paz do Eu.

O pensamento gera sentimento ou o sentimento gera pensamento?

Temos sete corpos espirituais. Você poderá encontrar diferentes formas de nomeá-los. Eu sigo a seguinte forma: Corpo celestial, corpo causal, corpo etérico-padrão, corpo espiritual, corpo mental, corpo emocional e corpo físico. A influência é de fora para dentro, sendo assim, na maioria das vezes o corpo mental influencia o corpo emocional, o que pensamos sugestiona o que sentimentos. Pode ser tanto o que pensamos conscientemente, quanto o que está enraizado em nosso inconsciente, a mente inferior não deixa de ser um pensamento ou opinião. São memórias que temos que influenciam nossas ideias e nos fazem sentir de tal maneira. E por ser memória, o caminho já está pré-estabelecido. Um fato simples

Dúvidas | 155

pode levar alguém a sentir depressão num determinado momento. O mesmo fato com outra pessoa pode deixá-la chateada, mas não levá-la a sentir depressão. Tudo depende do registro que a pessoa tem na mente.

Isso não quer dizer que o inverso, o emocional influenciar o mental, é proibido. É possível sentir alguma emoção ou sentimento que influencie seu pensamento, mas o ponto é que já existe um registro no corpo mental, ou seja, uma ideia que já foi experimentada antes, já existe como memória.

Decidir é inexorável. Como disse Sartre, estamos miseravelmente fadados a tomar decisões. Portanto, a questão está no momento preparatório ao ato decisório. O medo está instalado nesse momento, ou nas nossas memórias?

Junto a uma decisão, sempre ocorre um ato de renúncia. No momento em que se opta por algo, está deixando de escolher outra forma de agir, ou outro objeto. É preciso ter maturidade tanto para decidir, quanto para renunciar. Está relacionado à renúncia, o sentimento de desapego. Isto acaba trazendo certa insegurança para as pessoas, afinal, na maioria das vezes as pessoas procuram a melhor resposta para cada situação (não colocando em discussão o que seria a melhor resposta).

Agora, respondendo diretamente a sua pergunta, o medo é esta insegurança ou dúvida que a situação de decisão gera, mas que varia tanto de acordo com os tipos de decisões, quanto com as pessoas que as tomam. Quem toma a decisão é um ser humano, ou seja, tem subjetividade, tem personalidade, possui memórias. O Ho'oponopono pode ser utilizado para melhorar este sentimento (do ser subjetivo) em relação à tomada de decisão (momento que gera algum desconforto, como por exemplo, o medo), e assim, menos desconfortos serão gerados.

156 | Desenvolvendo seu Poder Pessoal

Repetir "Sinto muito" não pode levar a pessoa a ficar deprimida?

Quando repetimos sinto muito, você se refere a sentir muito por ter agido inconscientemente. No Ho'oponopono não utilizamos esta definição. Falamos de amor e de gratidão que são sentimentos e energias de vibrações superiores e sutis. O sinto muito é utilizado para identificar o problema e posicionar-se como responsável por ele, o perdão o libertará deste problema, o amor transmutará e a gratidão fortalecerá o fluxo entre microcosmo e macrocosmo, o reconhecimento da transcendência do problema, da fé, da rendição e do despertar.

Como dizer que amo alguém se estou com raiva ou magoado?

Quando repetimos as frases do Ho'oponopono, não repetimos para a pessoa e sim para a Divindade que existe dentro de cada um de nós. Ao nos conectarmos com a Divindade maior, todo o processo de Ho'oponopono acontece: inspirações, aproximação da própria essência, sentimento de paz interior. Pedindo perdão, emitimos amor e gratidão à Divindade que existe dentro de nós e também à Divindade que pode ser chamada de Deus, do Todo.

Tem pessoas que dizem que o "Eu te amo" tem que ser falado por último, qual é a melhor maneira de repetir?

A melhor maneira de repetir é como você se sente melhor ao fazê-lo. Não tem certo e errado. Tem pessoas que gostam de repetir o Eu te amo por último, pois já que a energia do problema vai voltar pro Universo e a energia da criação é energia de amor, repetem o Eu te amo por último. Mas você pode repetir como se sentir melhor. Eu gosto de dizer da forma tradicional, dizendo Eu te amo e Sou grata. O amor transmutando e a gratidão como reconhecimento. Sempre funcionou assim, meu subconsciente já aprendeu desta forma, mas não vai deixar de funcionar se você mudar a ordem.

VIII

Depoimentos

Ho'oponopono para problemas psicóticos

Quero antes de escrever essa história dizer que minha esposa M.A.G. é uma mulher maravilhosa e inigualável. Muito do que sou hoje devo a ela que sempre foi uma grande companheira. Mesmo nos seus piores momentos, ela ainda é o que de melhor eu encontrei na vida.

Há mais ou menos dez anos minha esposa começou com uma mania de perseguição. Primeiro em relação aos vizinhos, depois se estendeu para a família e amigos. Ela falava que havia uma trama para destruí-la e me acusava de não tomar uma atitude contra isso, que para ela era muito claro.

No início ela parecia desconfiar de tudo. Falava que um vizinho a seguia sempre que ela saía, outro era tarado porque a cumprimentava. Sempre querendo que eu interferisse e enfrentasse as pessoas.

Depois começou a se queixar dos vizinhos alegando que todos os barulhos e conversas eram para provocá-la. Segundo ela, o motivo é que nós ouvíamos música alta durante o dia e eles não gostavam, porém nunca ninguém reclamou de nada sobre isso.

Milhas filhas não tinham muita paciência com os delírios da mãe e isso gerava muitas discussões e até violência física contra elas.

| 157 |

158 | *Desenvolvendo seu Poder Pessoal*

Eu trabalhava apreensivo e tinha que sair no horário de trabalho e ir para casa sempre que ela criava algum conflito mais sério com as meninas.

Tivemos muitas discussões e algumas vezes ela chegou até a me agredir fisicamente. Fugiu algumas vezes de casa e em uma dessas fugas não deu notícias durante uns três dias, ficando com as mesmas roupas no corpo durante todo esse tempo. Consegui localizá-la graças ao cartão de crédito que ela utilizou em um hotel.

Depois desse episódio ela ficou uns dias na casa da irmã e não quis mais voltar para casa. O único jeito foi alugar outro imóvel e mudar. Nessa casa os problemas continuaram, ela acrescentou outras pessoas no seu delírio e houve outras fugas. Chegou até a achar que tinham colocado uma câmera em casa para vigiá-la.

Numa dessas fugas ela saiu sem rumo embaixo de chuva e frio. Nessa época consegui, com a ajuda de uma amiga, convencê-la a ir a um psiquiatra. Ela só aceitou porque queria provar que não tinha nada. O psiquiatra logo percebeu o problema e iniciou um tratamento com medicamentos e também indicou psicoterapia. Ela não quis fazer terapia e logo parou de tomar os remédios. Com isso os problemas voltaram com o acréscimo de mais pessoas e até a polícia passou a persegui-la no seu delírio.

Duas primas dela, muito amigas, tentaram convencê-la de que aquilo que ela falava não tinha sentido e que deveria continuar o tratamento. Uma das primas a levou em outro médico, que também receitou antipsicótico e antidepressivo. Lembro-me dela no consultório do médico, olhando pela janela achando que estivesse sendo seguida.

Enquanto prosseguia esse nesse novo tratamento, nós nos mudamos para um apartamento, em São Paulo. Esse imóvel era muito pequeno e nós tivemos que abrir mão de muitas coisas. Ela não tinha muitos delírios nessa época, mas caiu numa profunda depressão e passava o dia todo, deitada, praticamente não comia e teve também problemas intestinais. Não gostava do apartamento e nem do local e assim, após uns seis meses, tivemos que vender o apartamento e mudar novamente.

Compramos uma casa em Guarulhos, escolhida por ela, e mudamos para lá. Logo que nos mudamos, ela não quis mais tomar os remédios, os delírios voltaram e a depressão continuava.

Nessa época consegui levá-la a uma médica que conseguiu tratar e curar sua depressão. Em pouco tempo e com os remédios seus delírios desapareceram, por vários meses cheguei a pensar que não voltariam mais. Mas os delírios começaram a voltar de forma sutil e logo ela decidiu não tomar mais os remédio e tudo voltou à estaca a zero e ainda mais, ela passou a me ofender muito e tudo ficou insustentável.

Nós tínhamos também um apartamento na praia e lá também havia problemas. Ela ouvia o elevador subindo e descendo e dizia que era para mexer com ela. Barulhos em geral eram todos para incomodá-la. Ela dizia sempre que era a mando de uma irmã e de um determinado vizinho que não gostava dela.

Várias vezes ela falou em mudar novamente, mas eu e minhas filhas ficamos firmes e não aceitamos. Hoje moramos há sete anos nessa casa. Só há uma casa do lado da nossa e uma igreja do outro lado. Nesse período, cinco famílias moraram na casa ao lado e ela sempre via todos como verdadeiros demônios e achava que todos os barulhos sempre eram para importuná-la. Chegou até a bater boca com alguns deles. Curiosamente nunca se importou com os barulhos da igreja.

Nesse tempo ela incluiu no seu delírio a maioria das pessoas de sua família, irmãos, tios, primos, sobrinhos e mais alguns amigos, alegando que todos estavam tramando contra ela. Quando perguntávamos o motivo disso tudo ela inventava algumas coisa sem sentido como ter negado comida, ouvir música alta, vizinha da casa anterior que não gostava dela, alguma coisa que ela falou e que espalharam.

Depois de muitos problemas, em 2012 a situação ficou insustentável e assim decidimos interná-la em uma Clínica Psiquiátrica, onde ela ficou por 22 dias e foi diagnosticada com Transtorno de Personalidade Delirante. Deveria continuar tomando os medicamentos antipsicótico e antidepressivo. Logo ela passou a fingir que tomava os remédios e os jogava fora. Os problemas com os vizinhos continuaram agora de uma forma mais tolerante.

Eu compreendo a importância da medicina, mas resolvi procurar alternativas que pudessem me ajudar a superar esse problema. Fiquei sabendo sobre o Ho'oponopono e da sua efetividade, principalmente em relação aos problemas mentais. Comecei a praticar e obtive algum sucesso, mas queria aprender mais.

Com esse pensamento eu sinto que o Universo trouxe até mim o livro da Juliana De´Carli devido às circunstâncias que aconteceu, uma promoção numa rádio e um livro solitário numa prateleira como se estivesse dizendo:

– Olha! Eu estou aqui!

Depois disso, em 2014, fiz o curso da Juliana, onde ela passa de uma maneira muito simples, mas com um amor incondicional e profundo, esse conhecimento tão valioso.

Quase de imediato as coisas começaram a acontecer, primeiro uma grande agressividade, na qual minha esposa chegou a fazer as malas para ir embora. Isso me preocupou bastante, mas eu me mantive firme fazendo a limpeza e pensando: "aconteça o que acontecer vai ser o melhor." Com essa certeza dormi tranquilamente naquela noite e percebi que ela também dormiu bem. No dia seguinte desfez as malas e disse que a raiva tinha passado.

Pareceu ser uma catarse para o que viria depois. Ela também se interessou em fazer o Ho'oponopono, passou a dormir melhor e a situação com os vizinhos melhorou bastante. Eu posso dizer agora que ganhei minha esposa de volta.

Relatei aqui algumas situações, mas em 10 anos houve muitas outras marcantes. É claro que houve também muitos intervalos com maior sanidade, onde fizemos coisas legais como passear, viajar, etc. O pior é ouvir pessoas dizendo que sua esposa é louca e que precisa ser internada. Hoje felizmente a situação está mais equilibrada, existe uma melhor comunicação e o problema parece ir melhorando lentamente a cada dia. Tudo tem sido tão natural que parece que nada está acontecendo, mas quando olhamos para trás podemos ver uma evolução significativa em tão pouco tempo. Diminuíram as noites de insônia e o relacionamento melhorou em todos os sentidos.

Sabemos que o problema mental é muito desafiante e eu quase fraquejei várias vezes. Com a pessoa que tem esse transtorno não existe acordo, não conseguimos convencê-la de nada. Você tenta ser compreensivo, mas os absurdos são tão grandes que não tem como não perder a cabeça. Em casos como esse o acompanhamento médico é muito importante, mas o Ho'oponopono é também de grande ajuda. Se não sabemos o que fazer, o criador sabe e nós, através das frases, seguimos nos equilibrando.

O Ho'oponopono hoje faz parte das minhas práticas diárias para diversas situações ou pessoas. Posso sentir o resultado em muitas áreas da vida. A diferença é que hoje não estou mais sozinho, o Criador está comigo. É só fazer a limpeza, deixar nas mãos Dele, que a ajuda vem de onde menos se espera. Se aconteceu com o Dr. Len, pode também acontecer comigo.

José Carlos Garcia

Ho'oponopono para assédio sexual na infância

Em primeiro lugar, quero agradecer a você Juliana, por ter me dado a oportunidade de contar um pouco da experiência que tive em seu livro.

Sinto que dessa forma posso contribuir com outras pessoas que também possam vir a compartilhar dessa memória, tendo assim a oportunidade de transmutá-las a mais pura luz.

Lembro-me bem que no dia em que tive o contato com a limpeza Ho'oponopono, eu me perguntei: Como posso usar essa experiência para ajudar outras pessoas?

Uma hora depois, você estava me pedindo para dar este depoimento em seu livro. Obrigada!

Eu tinha 7 anos de idade quando tudo começou a acontecer.

Minha mãe era evangélica, e de acordo com os ensinamentos da igreja, não era permitido ter televisão em casa.

Eu, como toda criança, adorava assistir TV, e fazia de tudo para estar na casa de qualquer pessoa que tivesse uma.

Tinha uma amiga que morava na mesma rua que eu, e apesar dos avós também seguirem a mesma religião, eles tinham uma bela TV.

Eu passava a maior parte do tempo na casa dessa amiga, e foi lá que tudo começou.

Ela era criada pelos avós, e foi seu avô que compartilhou comigo essas minhas memórias.

No início aconteciam coisas como: Ele solicitava uma toalha enquanto tomava banho, dizendo que havia esquecido, quando eu entregava, ele abria a porta e se mostrava nu para mim.

Esse tipo de coisa aconteceu inúmeras vezes.

Ele nunca chegou comigo a "vias de fato", porém houve toques de todas as formas que você possa imaginar.

Esses abusos duraram em torno de um ano e meio, e eu não tinha coragem de contar para ninguém, por um único motivo. Eu perderia minha TV.

Um dia, nós estávamos indo buscar a minha amiga na casa de sua mãe que morava em um sítio, e tínhamos que caminhar por um bom tempo em uma estradinha de terra, deserta.

E foi nessa estrada, que ele tentou realmente chegar a "vias de fato".

Neste dia, eu fiz o que deveria ter feito há muito tempo, eu o ameacei, disse que iria contar para todos o que ele fazia comigo, caso ele encostasse em mim, um único dedo.

E esta foi à última vez.

Passei um bom tempo sem me lembrar disso, e fui vivendo minha vida normalmente.

Eu, apesar de algumas experiências desagradáveis com homens, ainda não havia me dado conta do impacto que aquilo causaria em minha vida.

Aos 20 anos me casei pela primeira vez e foi quando me dei conta do enorme bloqueio que eu carregava quando o assunto era sexo.

Levei este bloqueio para todos os meus relacionamentos, inclusive para os relacionamentos que tive antes de me casar.

Desfiz dois casamentos, e minha vida se desenrolava como se fosse um disco riscado, sempre tocando a mesma parte da música repetidamente.

Hoje sou casada com um homem maravilhoso, e pude perceber que se eu não tomasse uma atitude, provavelmente acabaria desfazendo o terceiro casamento também.

Foi quando decidi usar o Ho'oponopono para trabalhar na limpeza dessas memórias, assumindo total responsabilidade por tudo o que havia acontecido e por tudo o que estava acontecendo agora.

Decidi escrever em um papel todos os comportamentos que meu marido tinha e que me incomodava profundamente. A minha intenção era primeiro olhar nele o que me incomodava e depois voltar para mim e assumir a responsabilidade.

Procurei em meu corpo onde eu sentia esse incômodo, e percebi uma sensação de sufocamento na garganta. Foquei nesta sensação e comecei a limpeza.

Quando comecei a fazer o mantra "Sinto muito, me perdoe, eu te amo, sou grata", eu o fazia com o coração aberto e querendo verdadeiramente esta limpeza.

Eu foquei a princípio, nos incômodos com meu marido e então algo muito interessante começou a acontecer.

Há certa altura, aquela pessoa do passado, apareceu em minha frente. Foi uma experiência incrível, pela primeira vez na vida eu consegui olhar para ele com muito amor, e me perdoando por eu ter compartilhado com ele aquela memória, eu sentia um amor muito puro e verdadeiro, era como se tivesse uma luz entre nós. De repente ele sumiu e começou uma sequência de aparições, em minha frente apareceram todos os homens com o quais eu me relacionei, um a um. Eu olhava para cada um deles e dizia: Sinto muito, me perdoe, te amo, sou grata.

Quando terminava a frase, aparecia outro e depois outro. Apareceram homens com o qual eu não tinha me relacionado, começou aparecer mulheres, algumas pessoas da família, pessoas que eu não lembrava mais... e para todos eu dizia, "Sinto muito, me perdoe, te amo, sou grata".

Depois de um bom tempo as aparições sessaram e eu me senti como se estive voltando ainda mais para momentos antes do abuso, porém eu não enxergava mais nada, mas sentia que devia continuar a limpeza, e assim eu fiz, até que percebi um sorriso em meu rosto, e aquela sensação de sufocamento na garganta havia passado.

Foi neste momento que entrei no ZERO, era puro silêncio e paz. Fiquei neste estado por um tempo e depois retornei.

Quando voltei para casa naquela noite, obtive a primeira resposta de que realmente algo havia acontecido. Meu marido, que tinha um comportamento que me incomodava, teve a oportunidade de expressá-lo devido a um acontecimento, e sabe o que aconteceu? Ele teve uma atitude totalmente diferente, uma atitude que me deixou muito feliz, e neste momento eu percebi que a limpeza estava feita.

Eu já fazia Ho'oponopono há algum tempo, porém não entendia muito como funcionava e por isso não fazia muito sentido para mim, portanto, sou grata a você Juliana, que me ensinou como usar o Ho'oponopono. Somente agora tudo faz sentido e sou e serei eternamente grata a você por isso.

A você leitor, que compartilha comigo está memória. "Sinto muito, me perdoe, te amo, sou grata".

Namastê.

Kelly Moraes

Catarata nos dois olhos curada

Pedi a Deus uma maneira prática e definitiva para alcançar o equilíbrio e paz interior, então a resposta veio, conheci o Ho'oponopono pela internet, pesquisei, pesquisei e cheguei ao livro da maravilhosa Juliana De´Carli, li o livro com muita atenção e carinho, uma obra simplesmente completa e definitiva sobre o tema e muito esclarecedora. Fui fazer o "Workshop Ho'oponopono Método de Autocura Havaiano" com a Juliana De´Carli, porque além de querer conhecê-la pessoalmente, queria sentir a energia maravilhosa que senti ao ler o seu livro, e estar na presença de uma verdadeira mestra, foi uma experiência inigualável. Desde então meu dia a dia se tornou mais leve, minha existência ganhou um novo sentido, encaro a vida como uma experiência passageira para nossa evolução. Os problemas viraram desafios, as intenções, inspirações, e sempre encontro uma saída positiva para os desafios. Compartilho o Ho'oponopono com parentes e amigos

166 | *Desenvolvendo seu Poder Pessoal*

e já presenteei muitas pessoas com o livro da Juliana De´Carli e todos sempre me contam experiências bem sucedidas. Acredito na força do mantra do Ho'oponopono, ele é transformador. Graças ao Ho'oponopono entrei em contato com o Reiki e fui buscar a cura para meus olhos. Fiz o tratamento de Reiki com a Juliana De´Carli e na primeira sessão a catarata que tinha nos dois olhos, simplesmente sumiram, fui curada, e sei que dia a dia me curo, purificando, limpando, e seguindo minha vida, com equilíbrio e paz, confiante e feliz! Sinto muito, me perdoe, eu te amo, sou grata!

Vânia Maria Estela Giongo

A *vida entrando em equilíbrio com trilhas meditativas*

Nunca fui uma pessoa muito espiritualizada, até que minha irmã me presenteou com o curso de Ho'oponopono de Juliana De´Carli, o qual ela disse ter mudado sua vida. Fui ao curso tomada de curiosidade de como seria esse método tão milagroso. Claro, quem não quer mudar sua vida?

O fato é que no decorrer do curso ficamos tão sensíveis que percebemos como algumas coisas tão simples nos afetam sem que a gente perceba, e também como alguns problemas mal resolvidos de anos começam vir à tona. A energia que é emanada na sala é muito forte e acabamos nos ligando aos colegas também.

Uma das coisas que percebi no curso foi como meu ambiente de trabalho influenciava os meus sentimentos, logo foi a primeira coisa que quis mudar, afinal, por oito horas do meu dia é lá que estou e não achava justo chegar em casa tão exausta, com todas as energias sugadas!

Sou funcionária pública estadual há três anos e trabalho com três colegas de um órgão diferente do meu, porém para os clientes serem atendidos, é preciso emitir os documentos primeiro comigo e depois com eles, por isso dividimos a mesma sala. Dois deles estão perto de aposentar e um possui nada mais que um emprego arrumado pelo pai influente na política. O ambiente de trabalho era pesado porque na verdade a única pessoa que não virou a funcionária pública que todo mundo tem em mente fui eu, realmente tenho sim muito trabalho. Do lado deles é muita gente para pouco serviço, deixando-os ociosos. Era muito difícil trabalhar com quem o tempo inteiro reclamava e a única coisa que faziam era esperar a aposentadoria chegar. Ninguém tinha projeto de vida, era o dia inteiro falando mal das pessoas da pequena cidade que moramos, atendiam a todos super mal, deixando-os esperando enquanto conversavam à toa ao telefone ou enquanto tomavam um lanche dentro da sala mesmo. A televisão ficava nas alturas, indignando quem chegava para ser atendido, um dos colegas às vezes chegava drogado e uma das coisas que me incomodava também era o fato de o prefeito da cidade não se importar de fornecer um funcionário competente para mim, uma vez que tinha tanta gente sendo paga sem fazer nada e eu tendo que fazer além do meu serviço de veterinária, o serviço administrativo do escritório. Toda essa bagunça e agitação do meu ambiente de trabalho acabavam me deixando muito mal, era muita energia negativa o dia todo, mas graças ao Ho'oponopono isso foi resolvido.

Como não sou uma pessoa muito disciplinada, para me aquietar e meditar eu resolvi usar outra forma para praticar o Ho'oponopono. Todos os dias eu acordava às 6 horas da manhã para pedalar, então baixei alguns áudios de Ho'oponopono que achei no youtube e ouvia durante meu exercício, entre eles têm meditações, orações e músicas com o mantra "me perdoa, sinto muito, sou grata, eu te amo", e de presente ainda ganhava cada dia um nascer do sol mais lindo que o outro. Alguns fins de semana eu também faço trilha, aí sim paro em algum lugar que acho bonito e medito, faço meus pedidos e repito o mantra. Com o horário de verão ficou muito escuro para pedalar de manhã, decidi então chegar alguns minutos mais cedo ao escritório e escutar esses mesmos áudios que baixei no computador. Impressionante como eu começo o dia com bom humor e mais impressionante ainda como meus colegas de trabalho mudaram. Hoje a calmaria reina por aqui, os colegas começaram a usar o tempo livre com coisas úteis na internet, é comum chegar aqui e eles estarem quietinhos, cada um em seu computador, com seu fone de ouvido, e não falam mal de mais ninguém. Agora o melhor presente que ganhei, foi que depois de ter passado por três funcionários administrativos que não queriam nada com nada, mandaram um anjinho para trabalhar comigo, competente, organizado, responsável, proativo e reservado, do jeitinho que eu tanto pedia o tempo todo.

Além dos conflitos com meu trabalho minha vida mudou completamente, hoje sou mais calma, acho que entendi o que é paz e busco isso todos os dias. As pessoas que me faziam mal se afastaram da minha vida sem ter nenhum tipo de conflito comigo e pessoas lindas têm se aproximado. Aprendi a ver o lado bom das coisas e me concentrar nelas, deixando de ser uma pessoa negativa, e hoje sou bem mais feliz e serena. Enfim, sou muito grata!

Rafaela

Milagre mobilizado pelo amor

Quero compartilhar uma incrível experiência que tive há alguns meses.

Minha mãe está internada em uma clínica, muito doente e idosa, e passou a alimentar-se por sonda. Isto fez com que ela perdesse muito peso e a aliança de casamento dela com meu falecido pai estava larga demais.

Um dia a enfermeira me deu a aliança e isto me causou grande dor, pois durante todos os anos de minha vida nunca tinha visto minha mãe sem aquela aliança. Saí da clínica com a aliança no dedo e fui direto ao shopping para comprar algumas roupas.

No caminho de volta para minha casa, dentro do carro, olhei para minha mão e percebi que a aliança já não estava mais em meu dedo. Fiquei tão atônita e desesperada por ter perdido a aliança que é o símbolo do casamento de meus pais que eu não me perdoaria jamais por ter cometido tal negligência.

Não tentei voltar ao shopping, pois fui a muitas lojas, passei por inúmeros lugares, seria impossível encontrar um objeto tão pequeno. Quando voltei pra casa, entrei no meu quarto e comecei a chorar e implorar a Deus. Nunca pedi nada com tamanha força, com tanta vontade, com tanto clamor. Eu implorei e senti a presença Divina comigo naquele quarto.

Três dias se passaram e minha tristeza só aumentava, mas eu continuava trabalhando. Sou vendedora de bolsas femininas. Encho as bolsas de papel para evitar que se amassem. Uma bolsa que estava encalhada há meses, guardada abaixo de muitas outras, foi finalmente vendida.

Entrei no meu depósito para separá-la e fazer a entrega. Tirei muitas coisas até que a encontrei. Quando terminei de retirar todos os papéis e deixei a bolsa vazia, vivenciei algo inexplicável. A aliança da minha mãe estava lá dentro!

Não posso explicar como isso aconteceu, já que eu nem cheguei a minha casa com a aliança. Milagres não se explicam, apenas acontecem.

Hoje tenho certeza que existe materialização e que nada é impossível quando o desejo é maior que tudo.

Sou eternamente grata por esse maravilhoso fato ocorrido em minha vida. E grata também pelos pequenos, mas não menos importantes milagres que norteiam minha vida diariamente com o Ho'oponopono.

Gratidão,

Ana Paula Miranda Assunção

Melhorando a relação com meu filho

Conheci a Juliana De´Carli em um treinamento de Coaching. Fizemos atividades juntas, conversamos sobre meus problemas e ela me apresentou o Ho'oponopono. Eu então comprei o livro dela, e na viagem de volta para casa o "devorei", achei de fácil compreensão e bem objetivo, e já comecei a praticar o mantra *"Sinto muito. Me perdoe. Eu te amo. Obrigada."*.

Mas o que quero contar foi algo que aconteceu e que atribuo à prática do Ho'oponopono.

No dia seguinte, saí de casa no final da tarde para buscar meu filho na escola e fui praticando o mantra na intenção de harmonizar o nosso encontro, pois ele andava muito agressivo. Ao chegar à escola, fui informada pela coordenadora que ele havia novamente tido um comportamento ruim durante as aulas, desrespeitando as regras da escola, que é nova para ele.

Eu ouvi o relato da coordenadora e em seguida pedi para que ele me contasse o que havia acontecido e ele, com toda a raiva possível para uma criança de oito anos, me contou.

A minha primeira surpresa foi que eu me mantive calma, conseguindo ouvir com atenção o que ele falava, pois em outras ocasiões eu já "entrava" na raiva dele e ficava também agressiva.

Com calma pedi para que ele entrasse no carro, me despedi da coordenadora e seguimos. Eu então perguntei para ele o que eu poderia fazer para que entendesse que é necessário respeitar as regras e as pessoas, e ele se manteve em silêncio.

Novamente iniciei o mantra em pensamento, na intenção de me colocar ao dispor de Deus para receber uma inspiração. Uma onda de alegria tomou conta do meu coração, pois vi a possibilidade de resolvermos a questão sem discussão.

Com amor e gratidão.

Juliana Lopes

Depoimentos | *171*

Harmonizando relacionamentos com parentes

Há tempos eu lia sobre o Reiki, tinha muita vontade de conhecer e fazer um curso, mas nunca havia recebido nenhum tratamento ou entrado em contato com a energia em si. Em meados do ano passado decidi fazer o curso, com a querida autora deste livro. Logo após minha iniciação, enviamos juntas Reiki à distância para a minha filha, de um ano e meio na época, que estava doente, com uma infecção de ouvido, e não dormia bem há uma semana.

Quando o curso terminou, voltei pra casa e a encontrei dormindo no berço, tranquilamente. Achei aquela cena estranha considerando os últimos dias sem dormir devido à infecção, mas aproveitei para descansar porque sabia que logo mais já era hora de acordar novamente e ajudá-la nos momentos de dor. No dia seguinte, eu e meu marido acordamos às seis horas da manhã, surpresos ao perceber que ela ainda dormia em paz, desde a noite anterior. Mesmo com um ano e meio ela ainda acordava uma ou duas vezes à noite para mamar, quando estava bem, ou ainda mais vezes quando estava com febre ou com alguma infecção. Aquela foi a primeira vez que ela dormiu a noite toda, sem acordar.

Esse acontecimento provocou uma primeira impressão muito forte em mim, me ajudando a colocar a prática do Reiki na minha rotina. E desde então, venho descobrindo cada vez mais os inúmeros benefícios físicos e emocionais que o Reiki nos traz.

Quando ouvi sobre o Ho'oponopono pela primeira vez, pesquisei sobre o assunto na internet, mas fiquei um pouco desapontada, pois havia pouca informação sobre o assunto; em todos os artigos e sites mencionavam basicamente o uso de quatro palavras simples e nada mais. Pensava que a vida era tão difícil, cheia de desafios, que não fazia sentido haver um método de autocura tão simples assim. Porém, mesmo com toda sua simplicidade, ao invés de praticar e conferir seu efeito, eu optei por comprar o livro

172 | *Desenvolvendo seu Poder Pessoal*

Hoʻoponopono – Método de Autocura Havaiano, da mesma autora deste livro, na tentativa de descobrir o que mais era preciso para a prática. Durante a leitura do livro, achei muitas informações, mas a prática do Hoʻoponopono era basicamente a repetição dessas simples palavras. Eu não compreendia como repetir essas palavras poderia me ajudar, sendo assim continuei a minha busca por outros métodos, como a meditação e o Reiki.

Cerca de um ano depois desse primeiro encontro com o Hoʻoponopono, me vi em uma situação muito delicada, em que uma pessoa muito próxima e querida, numa decisão de impulso, prejudicou a minha filha. Uma emoção de raiva tomou conta de mim, eu não conseguia me libertar disso, a todo o momento me percebia pensando nisso, completamente dominada pela raiva, como se estivesse vivendo aquilo novamente. As tentativas de meditação e autoaplicação de Reiki eram impossíveis nessa situação, eu não conseguia me concentrar em nada.

Quando me vi sem "ferramentas" para me reequilibrar com o intuito de sair dessa situação, lembrei-me do Hoʻoponopono, e resolvi praticá-lo. Comecei falando "Sinto muito!", mas eu não "sentia muito", eu estava com raiva e muito brava com essa pessoa, mas segui em frente. "Me perdoe!", eu não podia pedir perdão, eu não estava errada. "Te amo!", essa frase foi a mais difícil de dizer nesse momento, com certeza. "Sou grata!", eu não era grata por estar vivendo tudo isso. Mesmo assim segui em frente, "sinto muito, me perdoe, eu te amo, sou grata!", e com o passar do tempo tudo foi clareando, fui percebendo que eu sentia muito e deveria pedir perdão a uma pessoa tão querida, que não fez nada por maldade, apenas agiu por um impulso; que eu amava essa pessoa tão querida, era a raiva que estava me deixando cega e, além de tudo, eu era grata por ter essa pessoa em minha vida. Sentia um nó no meu peito se desfazendo, os pensamentos foram clareando, e a raiva foi diminuindo, até perder força.

Essa primeira experiência com o Ho'oponopono me ensinou muito, não apenas sobre o seu funcionamento, mas principalmente sobre sua utilidade nos momentos em que não temos equilíbrio interior suficiente para outras práticas. Compreendi também porque hesitei tanto tempo em praticá-lo, ainda que ele seja um método "simples", nunca é fácil dizer essas palavras, é preciso muita sinceridade e humildade.

Carolina Viadanna

Encontrando a própria essência

Meu nome é Mayce e venho aqui contar um pouco de como o Reiki e o Ho'oponopono auxiliaram e auxiliam a minha caminhada! O Reiki foi o primeiro "divisor de águas" na minha vida, no qual tive contato em 2007 com um colega de trabalho que aplicava. Na época não fazia sentido algum aquilo para mim, apenas no final de 2010, quando passei por um período muito conturbado em todas as áreas da minha vida, que reencontrei o Reiki e aí, foi iniciado o meu processo de despertar, de autoconhecimento, de mudança e de reconexão com a minha verdadeira essência. O processo logicamente não foi muito fácil, afinal, mudar dói, nos tornar conscientes sobre o "lixo" emocional presente dentro de nós é assustador, desesperador... A vontade realmente é de sair correndo e não mexer mais. Porém, após enfrentar tudo isso e termos consciência e aceitação de nós mesmos o processo fica um pouco mais fácil.

Posso dizer que o Ho'oponopono foi o "segundo divisor de águas" na minha vida. Tenho muito a agradecer a esta técnica, realmente trouxe muita luz na minha vida a partir do momento em que passei a praticar diariamente.

174 | *Desenvolvendo seu Poder Pessoal*

Tive a oportunidade de conhecer a Juliana através do seu pai, o querido Mestre Johnny De´Carli. Em 2013, participei de um módulo do curso de Reiki Master em São Paulo e, neste curso, ele mencionou muitas vezes a Juliana com muito carinho e orgulho! Entrei em contato com ela e trocamos algumas mensagens algumas vezes neste período.

Um ano mais ou menos se passou e comprei o livro *Ho'opono-pono – Método de Autocura Havaiano*. Comecei a leitura e a tentar praticar diariamente, porém como eu estava em uma fase pós-parto e me dedicando integralmente ao meu bebê não conseguia achar tempo e muitas vezes, me sentia esgotada física e energeticamente. Não conseguia autoaplicar o Reiki e comecei a entrar em um estado depressivo. Resolvi procurar ajuda, voltei a fazer sessões com Reiki e balanceamento muscular, fiz uma constelação familiar que me auxiliou muito e logo em seguida, em dezembro de 2014, tive a oportunidade de participar do Workshop de Ho'oponopono com a Juliana em Holambra!

Este dia foi maravilhoso! Começando pelo local do curso que é muito agradável, com muito verde e com uma energia muito boa! Já comecei o processo ali, a Juliana é realmente uma simpa-tia de pessoa, transmite muita paz e tem uma luz muito forte que emana para todos que a conhecem. Além disso, é uma pessoa de fácil acesso, bem humorada, humilde e que conquistou a minha admiração... Eu a admiro muito!!!

O grupo era muito interessante e aos pouco fomos descobrin-do afinidades! Não tenho palavras para descrever como foi tudo nesse dia, mas foi mágico... foram 12 horas de vivência, trabalho individual e em grupo, momentos de troca, de deixar nossos questionamentos, pensamentos, nosso Ego de lado e trabalharmos para a liberação de energias e crenças limitantes não condizentes mais com o novo padrão energético que iríamos alcançar dali para frente! Ao final do encontro, fomos abençoados por uma linda noite de lua cheia, acompanhada por um temporal, bem no momento em que fazíamos a meditação com os tambores xamânicos. Foi um momento único na minha vida, muito intenso, saí deste encontro Renovada!!

A partir daí, comecei a praticar a técnica todos os dias, inclusive comecei a usar como canção de ninar para fazer meu filho dormir. Aos poucos a qualidade do sono dele começou a melhorar e eu também comecei a me sentir bem melhor em relação aos meus sentimentos e com o fluir da minha vida. Quatro meses se passaram e hoje, março de 2015, eu posso dizer que minha vida tomou um novo rumo, tive que deixar o passado para trás, algumas pessoas saíram da minha vida nesse período, outras estão chegando... a minha vida profissional voltou a fluir, voltei a fazer coisas que me dão prazer, que me fazem feliz e que me reconectam com a minha verdadeira essência, com meu Eu Superior. Mudei crenças limitantes em todos os campos da minha vida e hoje utilizo técnicas de cocriação para prosperidade e abundância somado ao Ho'oponopono. Descobri também que o maior segredo para vivermos em equilíbrio é a gratidão em relação a tudo em nossas vidas. Gratidão por existirmos, por essa oportunidade de evoluir aqui nesse planeta, de superarmos os obstáculos e a nós mesmos, gratidão por todas as nossas conquistas... Enfim... Apenas hoje sou grata por todas as oportunidades e coisas boas que acontecem na minha vida!

Gratidão ao Universo,

Mayce Azor

A Vida Se Transformando

É com muita satisfação que olho o crescimento adquirido na senda do autoconhecimento com o Ho'oponopono.

O trabalho do perdão, da compaixão, foi nítido para a resolução de muitos impasses que há muito tempo protelavam e somente contribuíram para exaurir as forças de toda minha família.

Não só para a abertura de minha espiritualidade, mas principalmente para o reconhecimento de minhas verdades, do EU SOU.

É muito prazeroso reconhecer que o Universo abre possibilidades tão simples, que se forem agarradas com amor e disposição ao bem, transformam os caminhos antes sinuosos e escuros em uma trilha suave e repleta de flores!

Foi por acaso (muito embora, não acredito na existência do acaso) que conheci Juliana De´Carli. Em dezembro de 2013, uma grande amiga me convidou para passar o domingo em Holambra. Aceitei, mas sem expectativas maiores devo confessar. Quando chegamos à cidade me sentia estranha, com os pensamentos vagantes e o corpo leve, flutuante. Comentamos inclusive, e estávamos com a mesma sensação. Agora entendo o que era, e ainda sinto serem muito presentes, estas reações. Costumo chamá-las de loucuras de sobrevivência na 3D.

Pois bem, no caminho minha amiga disse que visitaríamos uma pessoa estimada a qual acabara de dar à luz um garotão. Passamos uma tarde mais que agradável. Entre boa conversa, suco de uva e muitas fotos, descobri a autora do livro *Ho'oponopono – Método de Autocura Havaiano*, e mais que depressa fui adquirindo dois exemplares, pois numa passada de olhos reconheci ali um presente fantástico.

Em 2014, no dia 15 de março, ocorreu o workshop no qual passamos o dia e grande parte da noite absorvendo e praticando Ho'oponopono. O dia do grande início da mudança de princípio de vida (ou melhor, reconhecimento dela), conduta e pensamentos. Foi incrível, como se a prática toda tivesse sido voltada às minhas principais questões. Era meu anjo dizendo: "Vai, se abra, se jogue, mergulhe, pois este mar é uma imensidão de bem estar!".

E assim posso dizer que a prática de Ho'oponopono é constante em minha vida, desde as questões mais simples até aquelas que parecem não ter início, nem meio e muito menos fim, de tão complexas.

E, lembra-se dos impasses "quase insolúveis" que citei aqui no início? Pois bem, neste exato momento que coloco este depoimento, o mais "denso" deles acaba de ser solubilizado.

E agora, depois do turbilhão passar, eu reconheço a simplicidade de tudo, e entendo que, o ser quando perdido em sua essência complica tanto que desfaz a felicidade ao invés de agarrá-la, e ainda o outro é sempre o culpado, e nunca ele, o pobre coitado e perdido.

Neste período pós Ho›oponopono fui irradiando os conhecimentos e a luz da verdade, do perdão e da cura em cada ponto de minha vida. Sou grata por este reconhecimento e aprimoramento do meu SER e reconheço a extensão da caminhada. Mas agora, com clareza e sutileza cada ponto se tornará luz e não uma pedra que machuca e machuca. Deixar para o outro o que é do outro, sem questionar, apenas observar e ser prestativo se houver permissão. Com suavidade, flutuando como a mais leve pluma.

Sou grata por cada escolha que meus amigos da espiritualidade me iluminaram e principalmente por me auxiliarem a encontrar amigos de jornada aqui em nossa pequena dimensão, pois é justamente com eles e por eles que esta expansão nunca deixará de crescer.

Sinto muito, me perdoe, sou grata, eu te amo.

Vânia Renatta

Eu Te Amo

Posfácio

Queridos Irmãos de Caminho e de Luz... Saudações Reikianas!!! Ser pai de Juliana é um privilégio, me deixa muito orgulhoso. Participar de sua segunda obra uma distinção... A energia Reiki é uma das maiores forças deste planeta para a evolução das pessoas, um caminho de harmonização interior com o Universo. Todos nós temos acesso a essa energia. Utilizá-la é nosso direito inato. A energia Reiki é um presente poderoso, uma oportunidade para o iniciado crescer e transformar-se. É uma energia de paz e libertação com a qual o Criador abençoa o planeta. Ajuda a deter a violência e tendências autodestrutivas. É um poderoso antídoto contra o cigarro, o alcoolismo e as drogas que degeneram a humanidade. No Japão, onde nasceu o método Reiki, a técnica se denomina Reiki-Dô (Caminho da Energia Universal). Para os japoneses, cada Reikiano traça o seu próprio caminho, desenvolve sua própria maneira de lidar com essa energia maravilhosa de Amor Universal, de acordo com suas particularidades e crenças. Não existe um Reikiano igual a outro e o trabalho de muitos pode se complementar como uma verdadeira simbiose. Sigo o Reiki num caminho mais voltado para a parte filosófica e como ferramenta de crescimento espiritual. Juliana estudou muito comigo e também segue um interessante caminho mais voltado a sua experiência

180 | *Desenvolvendo seu Poder Pessoal*

pessoal, unindo-o ao Ho'oponopono e a outras técnicas de expansão de Consciência. Certa vez, disse o cientista inglês Isaac Newton: "Se eu vi mais longe, foi por estar de pé sobre ombros de gigantes". Vejo Juliana como uma das "gigantes" do Ho'oponopono. Quando existir no Reiki mestres esclarecidos que promovam iniciativas como essa de Juliana, de escrever suas boas experiências com o Reiki e o Ho'oponopono, capazes de ajudar a entender e ensinar a verdadeira filosofia dos Cinco Princípios do Reiki, então, nosso método passará do simbolismo à realidade. Os novos Reikianos encontrarão a "iniciação verdadeira" e construiremos efetivamente um método de Suprema Sabedoria Humana. Por acompanhar sua jornada, não tenho dúvidas que essa nova obra de Juliana De' Carli será de grande valia para o fortalecimento do método Reiki e Ho'oponopono no Brasil e no mundo.

Juliana, que Deus lhe conceda vida longa, para que possa seguir nessa nobre missão na divulgação e no fortalecimento do Reiki e do Ho'oponopono. Luzes no coração de todos que terão acesso a esse livro.

Johnny De' Carli
Papi

Posfácio | 181

Johnny De' Carli é Mestre de Reiki e autor dos livros:
- *Reiki Universal*
- *Reiki – A Terapia do 3º Milênio*
- *Reiki – Amor, Saúde e Transformação*
- *Reiki – Sistema Tradicional Japonês*
- *Reiki para Crianças*
- *Reiki – Os Poemas Recomendados por Mikao Usui*
- *Reiki – Apostilas Oficiais*
- *Reiki como Filosofia de Vida*
- *Tarô do Reiki.*

Aloha

Oração da
Kahuna Morrnah Simeona[3]
HO'OPONOPONO

"Divino Criador, Pai, Mãe, Filho em Um...

*Se eu, a minha família, os meus parentes e os meus ancestrais
Te ofendemos, à tua família, parentes e ancestrais,
em pensamentos, palavras, atos e ações, do início da nossa
criação até ao presente, nós pedimos-Te o Teu perdão...*

*Deixa isto limpar; purificar; libertar; cortar todas as recordações,
bloqueios, energias e vibrações negativas, e transmutar
estas energias indesejáveis em pura luz...*

Assim está feito."

---

3. Kahuna Morrnah Simeona, foi a criadora do Processo Ho'oponopono da Identidade Própria, e deixou-nos "de herança", esta oração simples e poderosa, que podemos fazer em relação a qualquer problema com qualquer pessoa.

Dicas de leitura

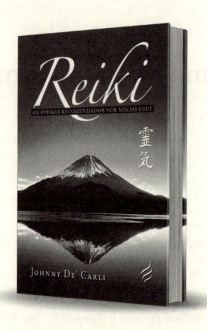

REIKI – OS POEMAS RECOMENDADOS POR MIKAO USUI
Johnny De' Carli

Em Reiki – Os poemas recomendados por Mikao Usui, Johnny De' Carli nos traz a ligação mais íntima com a energia universal por meio da inspiração e reflexão com o Imperador Meiji e os poemas que o Mestre Mikao Usui declamava em cada aula, como auxiliar a elevação da consciência e crescimento interior dos seus alunos.

Dicas de leitura

HO'OPONOPONO – MÉTODO DE AUTOCURA HAVAIANO
Juliana De' Carli

Imagine a possibilidade de acordar dia após dia se sentindo Feliz e Sereno. De viver livre de pensamentos negativos, medos, frustrações, estresse e de tudo que prejudica sua energia, sua saúde física e mental.

Neste livro a mestre em Reiki Juliana De' Carli nos apresenta uma de suas grandes ferramentas, o Ho'oponopono. Uma técnica havaiana que existe desde os tempos dos Kahunas, que ensina que o perdão, a gratidão, a humildade e o amor são mais do que um caminho moral, mas também um caminho de cura, crescimento e transformação.

Dicas de leitura

TARÔ DO REIKI *(Livro + Cartas)*
Johnny De' Carli

Desde sua publicação anterior, Johnny De' Carli vinha buscando escrever para seus alunos e leitores algo que fosse totalmente novo para a comunidade reikiana. E essa Luz começou a brilhar quando decidiu percorrer o "Caminho de Santiago de Compostela", na Espanha, a fim de receber um esclarecimento do "Alto".

E foi nesse período de intensa introspecção em solo sagrado que os conhecimentos adquiridos em anos e anos de pesquisa foram criando links, e as pequenas informações, que passam despercebidas pela maioria das pessoas, foram fazendo mais e mais sentido, até um momento em que todas elas juntas mostraram algo que estava escondido por trás das escrituras – outra maneira de utilizar nossa energia – uma maneira que agora é apresentada a todos em "Tarô do Reiki".

Dicas de leitura

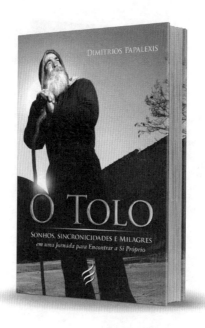

O TOLO – SONHOS, SINCRONICIDADES E MILAGRES
Dimitrios Papalexis

"*Um livro surpreendente que prende a atenção do leitor do início ao fim. Independente da sua crença, essa é uma jornada que vai lhe trazer prazerosos momentos de lazer.*"

Um bem sucedido advogado vê sua vida ficar de pernas para o ar quando começa a ter sonhos com um morador de rua que ele acredita ser seu tio. Todos acham que ele está ficando louco, ainda mais quando ele decide largar tudo para ir atrás desse tio nas ruas de Nova Iorque. Coisas mágicas acontecerão a Danny quando ele decidir seguir sua intuição: sincronicidades, acontecimentos e milagres ocorrerão. E aí, ele passará a ver a vida de uma perspectiva totalmente diferente.

Pegue carona nessa jornada interior e exterior, onde ele terá de provar a todos e, até mesmo a si próprio que não está louco.

Dicas de leitura

A BATALHA DOS PORTAIS
Flávio Penteado

O mundo físico estava sob ameaça. Os Cavaleiros Negros mais uma vez tentavam destruir a imagem de Deus junto aos seres encarnados. Um grupo que surgiu na época das cruzadas, agora estava de volta buscando cumprir seu objetivo a qualquer custo.

A comunhão entre esse grupo e as trevas, auxiliou a abertura de portais, que emanariam energia suficiente para abertura de um portal ainda maior e mais poderoso, por onde seres trevosos invadiriam o mundo físico para tomar de Deus sua mais bela criação: o ser humano.

A vida no planeta Terra estava ameaçada e o tempo era curto, não havia margem para erros. Uma nova batalha entre o bem e o mal estava prestes a se formar e, se os portais não fossem fechados, um grande desastre ceifaria vidas inocentes.

Preparem-se, pois a Batalha dos Portais vai começar.

Dicas de leitura

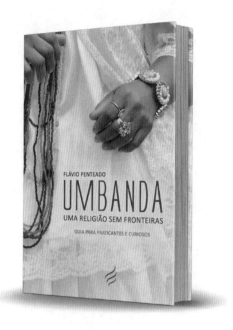

UMBANDA, UMA RELIGIÃO SEM FRONTEIRAS
Flávio Penteado

O intuito deste livro é mostrar a Umbanda sob nova visão, utilizando uma linguagem simples e de fácil entendimento, para que mesmo aqueles que nunca pisaram em um terreiro de Umbanda possam conhecer mais acerca dessa religião, assim também os novos umbandistas e até mesmo os mais antigos, pois conhecimento nunca é demais.

A obra que trata de temas variados: ervas, banhos, defumações, uso de fumo e de bebidas, pontos de força de um terreiro, pontos riscados, pontos cantados, explicações acerca das sete linhas – orixás e guias espirituais – tem por objetivo levar, por meio de perguntas e respostas, esclarecimentos importantes e oportunos para o leitor que deseja conhecer ou mesmo se aprofundar no assunto.

Convido você a entrar neste universo e a compreender um pouco mais essa religião que é 100% brasileira, que busca fazer o bem sem olhar a quem.

Dicas de leitura

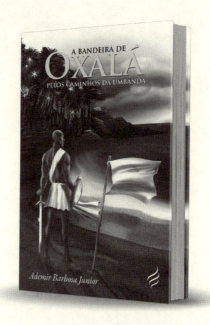

A BANDEIRA DE OXALÁ
Ademir Barbosa Junior

Com linguagem simples e envolvente, o livro relata diversos contos acerca do cotidiano da religião, dando aos leitores a possibilidade de aprendizagem por meio de uma prazerosa leitura.

A moça que vai ao terreiro em busca de "amarração" e descobre a beleza e a responsabilidade da mediunidade; a médium de personalidade difícil que humilha os irmãos; a mãe pequena que vê na criança não apenas o futuro, mas o presente (em todos os sentidos) da religião; a beleza e o amor maternal de Oxum; a verdadeira e digna malandragem de Zé Pelintra; o retrato desmistificado dos trabalhadores Exus, são alguns dos temas abordados.

Dicas de leitura

OS MENSAGEIROS DA ESPERANÇA
Sérgio Vencio

A Colônia Esperança é um local onde crianças e adolescentes são abrigados e preparados para a reencarnação, é o Lar da Criança Menino Jesus.
Liderados pelo mentor Marcos, um experiente grupo de médiuns, trabalhadores de um Hospital Espírita, são convidados a auxiliar no tratamento dessas crianças no plano astral.
Animados pela nova perspectiva, entregam-se de corpo e alma nessa aventura que irá levá-los a conhecer locais inusitados como o Templo de Cristal, o Jardim Terapêutico e o próprio Lar da Criança.
Mas acima de tudo, a melhor parte é perceberem que através desse trabalho podem se tornar verdadeiros *Mensageiros da Esperança*.

Impresso por :

gráfica e editora

Tel.:11 2769-9056